论文写作
就是这么简单

袁锦红／著

U0314434

化学工业出版社
·北京·

内容简介

本书围绕"怎样写好论文"展开，按照论文写作的步骤逐步剖析论文写作的原理，再结合论文相应部分进行案例解读，让读者能从实际案例解读和浅显易懂的语言描述中系统学习与论文写作相关的步骤和格式，提高论文写作水平。

本书内容适合刚接触论文写作的高校学生及教师群体，书中语言通俗易懂、案例丰富，有较强的可操作性。和一般学术性比较强的论文指导专著不同，本书可以作为论文枕边书使用，尤其适合刚开始尝试写论文或在写论文过程中遇到瓶颈、想要提高论文写作能力的读者。

图书在版编目（CIP）数据

论文写作就是这么简单 / 袁锦红著.—北京：化学工业出版社，2024.7
ISBN 978-7-122-45535-2

Ⅰ.①论… Ⅱ.①袁… Ⅲ.①论文 - 写作 Ⅳ.① H152.3

中国国家版本馆 CIP 数据核字（2024）第 086578 号

责任编辑：罗　琨　　　　　　　　　装帧设计：韩　飞
责任校对：田睿涵

出版发行：化学工业出版社
　　　　　（北京市东城区青年湖南街13号　邮政编码100011）
印　　装：三河市双峰印刷装订有限公司
880mm×1230mm　1/32　印张7¼　字数116千字
2025年2月北京第 1 版第 1 次印刷

购书咨询：010-64518888　　　　　售后服务：010-64518899
网　　址：http://www.cip.com.cn
凡购买本书，如有缺损质量问题，本社销售中心负责调换。

定　　价：48.00元

前 言

写论文真的太难了!

每次打开文档,我总能听到心里发出的叹气声。在撰写硕士论文期间,我总是想用各种理由逃避这件事,要么临时去做个饭、要么突然觉得应该去跑个步,甚至有时候在电脑前坐了两三个小时,却一个字也写不出来。我总是会刻意追求完美,老想着论文写得不好怎么办?不是还要改?这样的想法让我对硕士论文一直有恐惧感,最后把自己困在原地,始终不敢动笔,久而久之就变成了论文"拖延症患者"。通过和研究生同学的交流,我发现大家都有自己的写作节奏,有的人也像我这样"前宽后紧";有的人就很有规律,每天写点儿。

这种不想动、不想写的感觉纠缠了我很久。

直到后来我发现:

写论文一点儿也不难!

为了改变论文写作带来的惰性和困境，我观察了他人写作的过程，尤其是那些"无痛"完成毕业论文的大神们，在学习了他们的锦囊妙计以后，我发现写论文原来真的不难！

我把自己写论文的过程分为三个阶段，第一个阶段，毫无头绪，刚开始提笔写论文时我只会东拼西凑、拆了东墙补西墙，或者把其他人的话直接搬运过来；第二个阶段，拍拍脑袋，只顾着写自己的想法，没有关注他人已有的研究，导致写出来的文章没有依据、满是水分；第三个阶段，渐入佳境，慢慢掌握了一些写论文的技巧。到后来也实现了"无痛"或"微痛"写论文。其中第一个阶段是我刚进入大学第一次尝试论文写作的时候；第二个阶段则是大概经历了两年论文写作的练习有了些许进步的时候；从第二个阶段跳入第三个阶段则耗费了我整个研究生生涯。

按照论文写作的每一个步骤分析下来，怎样选题、怎样阅读文献、怎样确立研究方向、怎样分析研究课题这些都有迹可循，只需按照顺序一步步推进即可。当然，在论文写作的过程中怎样调整心态、整理好写作工具以及论文答辩如何应对等，也是完成一篇优秀毕业论文所必须了解的内容。

读了这本书，读者将会体会到本书的以下几个特点：

- **循序渐进**：本书遵循论文的写作逻辑，在几大环节中循序渐进地讲解怎样写论文。

- **轻松有趣**：本书不同于其他专业研究方法手册，语言生动诙谐，读来轻松有趣。

- **案例充足**：纸上谈兵终觉浅，本书加入了很多论文案例，能让读者在案例的解读中理解写作方法。

- **风格奇特**：站在"不会写论文"的角度上阐述怎样写论文，让人更有代入感，好像在阅读小说故事，在不知不觉中掌握了论文写作技能。

本书内容可以分为两部分，第一部分是论文各部分的写法，第二部分是论文归纳结论和修改的技巧。

第一部分主要介绍了论文各部分的写法，包括刚开始论文写作心态的建立、文献检索的方式与文献综述的写法、论文方向的选择、研究计划的设计与研究方法的选择、研究结论的分析和后续研究的思考等，这些部分都按照论文写作的逻辑顺序排列，读者可以任意选择感兴趣的章节阅读。

第二部分主要包含了在论文正文写完之后应关注的问

题，主要包括如何修改论文的格式、如何确定论文的语言风格、如何写论文的结论、答辩技巧以及如何根据答辩修改论文等。

在论文写作过程中，研究设计、实践分析是主要环节。考虑到社会科学研究方面论文的特殊性，本书还加入了质的研究的具体写法和案例介绍。

第一章

仪式感：论文是一场心理战

●　●　●

　　好的开端是成功的一半，在开始写论文之前我们还真的需要进行一些心理建设。比如，先假想出一个"内卷"的环境，让自己时刻处于思维活跃的状态，屏蔽对论文的焦虑感。

　　希望本章内容可以帮助读者建立一个论文写作的好心态，帮读者赢在写论文的起跑线上。

一、创建一个"内卷"环境

　　硕士论文写作期间我恰好在一个学校进行专业实习，当时我收到了一条来自一位家长的微信，内容大概是在诉说自己的孩子写作业特别"不安分"，小动作很多，一会儿要喝水、一会儿要上厕所，一会儿又为窗外飞过的小鸟走了神……我本想好好地用专业知识回复她，为她提供一些解决办法，却突然意识到现在的自己，手中正拿着乐高拼搭，边上还翻开着一本《易经》……再回想一下，从上午7点就坐在电脑前准备写论文的我，在不到一上午的时间里，已经上了不下十次厕所，玩了半小时手机，还下楼取了个快递、晾了下衣服……总之，在开始写论文前，我总是喜欢做些事情来逃避，这一想，我不就是那个孩子的翻版吗！我为自己这样的行为感到愧疚，后来发现"写作难"这件事不仅仅是我一个人的烦恼：毕恒达老师在为博士论文绞尽脑汁期间喜欢把家里的马桶刷得干干净净；其他人有的画画，有的玩音乐……总之，很多人在写论文期间都喜欢发挥一下自己的"第二副业"。看来，拖延、不专心这件事，是无所谓少年或成人的。拖延症是个遍布全年龄段的通病。

那么，拖延有办法对抗吗？当然有，网上有很多博主、作家会建议我们在进行一项任务前先制订计划，然后按照计划严格执行，很多人照做并取得了成功。就比如我常在小红书、微博等平台刷到的类似"学习 vlog"；抑或是一些列得密密麻麻的学习清单，比如从早上7点开始到几点要干什么，什么时间吃饭、什么时间运动、什么时间休息，这样的自律行为无疑给了很多正抓耳挠腮学习的人一个很好的激励。然而对于一些和我一样有拖延症的人，这个办法却并不好使，我们在感受完激励后，会将这些分享短片直接放到"收藏夹里吃灰"。

所以，对于像我这样的"顽固型"拖延症患者来说，并不能只靠自律。我是一个需要竞争、督促的人，俗话说"近朱者赤，近墨者黑"，在一个大家都努力的环境里，我才会变得自律。很多朋友都会说，高考前的一段时间，是自己智商的巅峰期，其原因就是你当时处于一个极度竞争的环境。身边的人都在努力学习，你还好意思不学习吗？你还好意思玩手机浪费时间吗？显然不会，所以在这种集体环境作用的督促下，大家的学习热情会越来越高，学习效率也会越来越好。我把这样的环境叫作"内卷"环境。因此，我在写论文之前会刻意创造一个"内卷"环境，比如找个同样目标的小伙伴一起写、两人互相监督，又比如直接去图书馆写，每每自己想要荒废一下时间东想西想时，看到边上考研的、考公的、考证的、中高考的同学们还在奋笔疾书，就实在不好意思玩手机了，心想着"再写几行""把格式调整好就休息""要不把这个数据填填吧"……你看，到了最后，我的心理活动就从原先的"看完这个视频就开工"到"写完这些内容就休息"，主客体交换了位置，心理倾向也不一样了。

经历过体育中考的女同学肯定记得这个科目，中考女子必考的 800 米跑步——一项令大多数女生闻风丧胆的运动。我回想了一下自己，害怕这个项目的两个原因：一是怕自己在开始就跑得慢，被人拉开距离，导致越来越跟不上；二是怕开始冲得太快，导致体力在跑步前半场就消耗殆尽，无力跑完全程。于是，在尝试了几次之后我决定采取"跟"的战术，目光瞄准班里跑得比较快（大概跑步成绩的前三四名）的人，努力跟住，如果被人超了那就再跟住新的人，这样既可以保证自己不掉队，又能节省些体力。采用这个策略跟到最后时，我还能有力气再小小冲刺一下。这个跑步策略，不仅能让我顺利跑完全程，成绩也还不错。虽然被我"跟"的同学比较"可怜"，既要维持住原本的速度，还要承受住我在后面跟着的心理压力。

写论文其实和跑步一样，也需要一个充满竞争的环境才能产生内驱力。内驱力是一个神奇的东西，分析心理学的创始人荣格认为内驱力就是个体在环境和自我交流的过程中产生的、具有驱动效应的、给个体以积极暗示的生物信号。内驱力的产生对个体心理环境的要求极为严格，要求要紧张，但又不能太过紧张，过于紧张的环境容易让人产生焦虑情绪，影响驱动效率。

所以说，写论文之前不如先创造一个"内卷环境"，让自己处于一个相对而言有督促、有竞争的状态。在读书期间，就有很多人更喜欢去图书馆学习，认为自己在图书馆中会有更高的学习效率，这是为什么呢？

首先，图书馆有浓厚的学习氛围，也就是"同伴效应"带来的紧张感，同伴的安静、专注给人一种"不得不学习"的感觉。在这样的"感觉"下自然不会像在家里那样自由、散漫地学习。把自己主动塞进一个内卷环境，自然而然就会随着大环境"卷"起来。这也说明一个学习氛围好的班级为什么更容易受到老师和同学的喜爱了。

其次，在图书馆的学习是一种有成本的学习，这些成本体现在人的精力、金钱和时间上。去图书馆之前要做计划，要想好今天去图书馆做什么；有部分图书馆需要支付入场费用，在费用的影响下，在图书馆里学习，给人一种"时间就是金钱"的感觉；去往图书馆的交通时间也是学习的成本之一。这些"沉没成本"（表示以往发生的，与当前决策无关的费用），更容易让人萌生"不能浪费时间"的感觉。

因此，在有监督、有督促的"内卷"环境下写论文，会使人更加自律。当然，如果你的意志力十分强大，可以无视身边的任何诱惑，那么环境的选择就不是问题。对于大多数人而言，一个好的写作环境虽然对于文章的完成度没有很大作用，但能让人更加快速进入写作状态。

二、万事俱备等东风

此万事非彼万事，是指做好写论文前的准备。如果选题已经有了大致方向，可以从实物和技术上做好准备，比如一台可流畅敲击输入文字的电脑、一个通畅的可进行资料查询的网络，还有一个可为自己所用的知识库。需要准备的实物虽不多，但是以我个人的经验来看，需准备的"万事"还应包括以下几点：

（1）能随时随地写文章的环境；

（2）准备好想要的数据分析软件；

（3）唾手可得的文献资料。

能随时随地写文章的环境

首先要保证自己能随时随地写文章，这表示写文章不应该受到空间、时间的限制。很多人认为，文章必须要在书房写，其实不然，有时候灵感是突然闪现的，必须当场抓住，所以电脑、手机、笔记本上都应留有大家写文章的痕迹。可能对于理工科相关学生或研究者来说这种情况比较少。但对于社会科学类的相关人员来说，完成一篇文章需要经历文献检索、逻辑推理、经验总结、设计创造等方面，对数据要求较少，用脑推理较多，所以，写文章的地点有时会在图书馆，在办公室、咖啡馆，甚至在公园、健身房等，只要一有灵感我们就会赶紧写下来，随手的物件上都会留下思考的痕迹。我的研究生导师钱旭升教授曾经带领我们去设计一所学校的校本课程材料，标题一直无所出，直到钱导出门上了趟厕所，他回来以后就兴冲冲地给我们出了好几个方案，圆满解决了一直定不下的标题问题。人有时候换个环境、换个姿势真的会有不同的灵感。所以写文章也好、做研究也好，都不要仅局限于一个环境，在任何环境下都可以进行思考。

除了随时随地写文章，在一开始写文章时也可以降低一些对文章质量的要求。在解释为什么这样做之前，我们不妨先做一道选择题：

在撰写论文过程中你更喜欢（　　　）

A.写作时力求尽善尽美

B.先把文章写完，之后再回过头来修改

选择选项 A 的读者大概率是一个很细心的人，每件事都能认认真真完成，但是在同一件事上可能会比其他人耗费更多时间，同时面对大篇幅未完成的部分，也会给自己较大的心理压力。久而久之其中一部分人会因担心"做不好"而选择"不去做",如此一来,拖延症就逐渐出现了。

选项 B 在我看来是一种正确的"写作策略","始生之物,其形必丑",无论多优秀的文章一开始一定是不完美的,真正的优秀是靠打磨出来的。不妨先把文章写完,或者把自己想到的东西写出来,再去细读,并及时修改。在一线教育领域有种说法叫"磨课"。"磨课"的过程与"磨文章"有异曲同工之处,浙江省教研员斯苗儿老师出版过一本书《好课多磨》,认为好的课是磨出来的:一开始这节课的教学设计是基于自己的理解和想法形成的思路,目的是能体现自己对这节课内容的整体把握情况。而经过后续的试教、试讲、修改环节才能给这一节课带来更多亮点,很多优秀环节的呈现都来源于后期的修改,写论文也是如此。

我在写硕士毕业论文期间,经常会发生坐在电脑前好几个小时却写不出来一句完整话的情况。而几乎所有的人都会认为:写论文必须要在电脑前规规矩矩地坐着。其实不然,虽然写论文大部分时间都需要在电脑前"奋笔疾书",但也不能少了其他工具,例如纸、笔、手机等。在制作图表类材料时,我更喜欢先在纸上打好草稿,在写文章的大纲时也一样,用纸笔先设计好框架再写对我来说更容易获得灵感。很多人写不出文章的很大一部分原因是过于追求完美，长此以往便会让自己越来越想拖延、越来越焦虑。对抗这种完美主义带来的拖延，就需要随时随地写、想到什么就写什么，文章的基本内容就能在自己随时随地的思考中逐渐建立起来。文章不完美怎么办？不用担心，正如摄影一样，角度对了，其他部分可以靠后期修图；文章框架和思路对了，可以靠后期修改。

当然，还有一类"神人"可以做到在交稿前一个星期匆匆忙忙写完论文。这类"神人"分为两种，一种是在正式动笔前已经收集了所有实验数据和案例，并且前期文献等准备工作也已完成，最后几天只需要成文就可以了。还有一种比较危险，他们并未收集多少数据，也没进行多少思考，只是想着靠最后几天的爆发完成写作，这样的做法不值得提倡。记得在研究生期间的一次组会中，有个本科学弟因私人原因忘记做组会材料，只好在会前几小时匆忙用网上的资料拼凑了一下上交，结果不出所料，无论是汇报内容还是汇报表现力都被人一眼看穿有很大"水分"。只是一次简单的组会都十分容易被看出来，更何况是严肃的毕业论文答辩呢？所以，不到危急时刻千万不能使用如此冒险的手法。

准备好想要的数据分析软件

说到软件的准备,现在请你放下书本打开电脑和手机,数一数你常用的关于论文写作的软件有多少种。

A.3种以内　　　　B.3～5种　　　　C.5种以上

工欲善其事,必先利其器。准备好必备的软件工具也是论文能成功完成的必要条件。在完成本科毕业论文之前,我一直使用的写作软件是WPS,觉得这个软件所含功能已完全能覆盖论文所需的一切表现形式,毕竟本科毕业论文最常用的研究方式不外乎问卷调查、访谈调查、资料分析等。有时候为了方便起见我也用WPS的文本形式呈现问卷设计、搜集、数据分析的过程。简单来说,在本科学习阶段,我只需要一个WPS就能"行走天下",但后来遇到需要制图、编辑表格、分析数据等情况,往往会受到软件功能的限制,即使暂时企图用文档编辑软件蒙混过关,也能被导师一眼识破。在写毕业论文期间屡屡碰壁以后,我才发现要完成一篇论文或课题,单靠WPS的基本功能是不够的,还需要用到其他软件。在这里我将这些软件按照我本人的使用频率进行排列,供大家参考。

首先是WPS中的思维导图或流程图功能,我们在写课题计划时需要写清楚论文的设计思路、课题进展说明、文献整理等，为了让读者能更清晰明了地看清楚你接下来要做的事情，用一个思维导图或流程图会比直接的文字说明让人看得更明白，减少文字冗杂带来的无聊感。比如，文章中要对小学数学某年级期末考的知识点进行罗列说明，我们可以用两种方式比较一下。下面是用文字对期末考试的知识点进行罗列：

本次期末测试的范围包括数与代数类、图形与几何类、统计与概率类以及解决问题类。其中数与代数类相关知识点有除数是两位数的除法、四则运算、运算定律、小数加减法、小数的意义和读写、小数的性质、小数的大小比较、小数点移动与单位换算、小数的近似数等。图形与几何类的相关知识点包括平行与垂直、平行四边形的认识、梯形的认识、三角形的认识，这些都属于图形的认识，还有立体图形的观察等。统计与概率类知识点则是考查条形统计图的认识、绘制、分析、整理等。解决问题类知识点有兑换外币、优化问题、租船问题和鸡兔同笼问题等。

再来看用思维导图的形式（如图 1.1 所示）对期末考试知识点的表达：

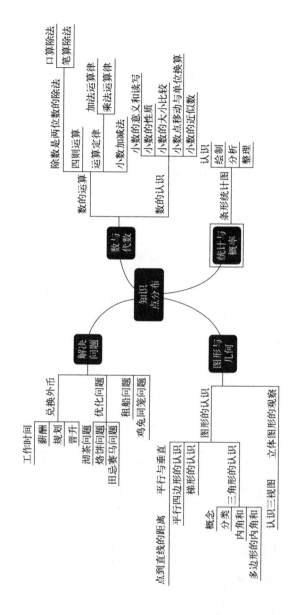

图 1.1 用思维导图对知识点进行罗列

可以明显看出，将知识点用思维导图表示出来不仅比用文字表达更为清晰，还能了解各个知识点之间的关系。如上图所示，我们可以把知识点按四个级别进行分类。在进行课题思路的描述时，我们也要尽可能少用冗杂的文字堆积，例如，某个课题想要研究小学数学多元评价的设计与实施，在撰写研究思路时第一种方式是用文字呈现，如下所示：

前期采用质化研究，经历评价模式的四轮实践。分别是初步确定评价模式、改进评价模式、再次改进评价模式、确定最终样态。

后期采用应用研究，将评价模式的最终样态套用到其他单元主题项目实践中，形成项目主题、目标、三类评价设计一体化的研究报告。

前期的研究内容包括单元主题（项目主题）、项目目标、评价设计，为了解评价的信度和效度，需要经历初试、反馈、调整。一共进行四轮实践，最终得出评价模式的最终样态。

后期的研究内容主要是单元主题项目的评价设计与应用，形成项目主题、目标、评价设计一体化的研究报告。

一般来说，课题内容需要文字描述，但直接用文字形容有点过于晦涩，这时候就需要用到 WPS 上的流程图。我们不妨加入一些课题顶层理论、课题研究方法以及研究内容的一些细节，让这段课题思路的描述显示得更加丰富，如图 1.2 所示：

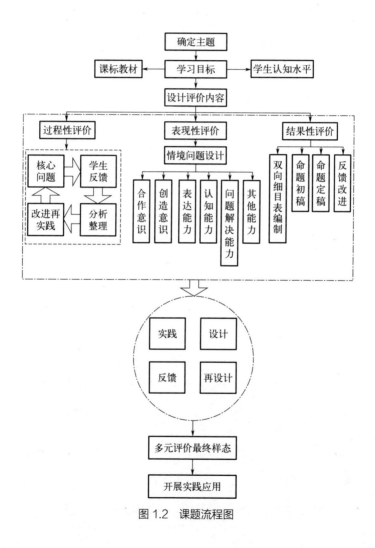

图 1.2　课题流程图

图示是论文写作中的常用手段，但仅仅靠这样一幅图来说明还是不够的。一般来说在课题报告书中会选择文字和图表结合的形式，用图表展示整体框架，用文字进行补充说明，这样就能呈现出较完整且规范的课题研究思路或计划了。以上介绍了一些常用的 WPS 功能，当然还有很多文章需要依靠其他软件。例如做问卷调查需要的社会科学统计软件包，英文缩写是 SPSS（Statistical Package for the Social Sciences），SPSS 是社会科学领域常用的数据分析软件。

要获得相关数据，就必须进行数据搜集。很多研究者会用问卷调查的方式获取需要的数据。这就需要考虑"如何获取"这些数据资源的问题了，一种方式是比较传统的纸笔填写模式，另一种方式是网上常用的问卷软件（例如问卷星等）。这类软件在网络上有很多，随意一搜就能得到，这类软件的优势不仅在于节能，还能将数据所需要的简单信息分析出来，比如各个选项的占比分别为多少，对数据进行简单的分析还是较为方便的。但是它的受众群体并不全面，倘若遇到中小学生或不擅长使用电子设备的老年人还是有局限的，所以在很多情况下还是需要纸质和电子搜集方式同步进行。

在论文写作初期还需要用到知网等网络工具来搜集文

献。至于如何整理文献、发现文献之间的联系，网络上也有较多文献整理软件受到研究者们的推崇，例如Connected Papers（一种学术论文可视化检索工具），可以生成用户研究领域已有论文的大致情况，并形成网络图，网络图中能体现不同文章的联系。还有一些人喜欢用Zotero（文献管理工具）或EndNote（学术信息市场化和开发学术软件）等作为文献整理软件。这些都属于文献搜集与整理方面的软件工具，除此之外还有一些其他软件需要准备，例如语音文字转换器（访谈采访使用）、Photoshop（修图软件）等。同时我们还需要思考：这些软件对你来说是下载在手机上还是电脑上使用会更方便？哪一个软件更合适你使用？这些都需要读者根据自己的研究进行选择并提前配备，以免需要用时因着急下载而手忙脚乱，影响心情和写作计划。

唾手可得的文献资料

文献资料必须要"唾手可得"，没有以往研究文献的支撑，论文只能是自己拍拍脑袋的伪理论、伪思想，有可能自己辛苦研究得出了结论，却发现已经有前人在很早之前就做过类似研究了，抑或是已经被前人推翻了。所以在日常学习中需要提前做好文献阅读的准备，养成阅读文献的习惯，博观而约取，厚积而薄发。

怎样的文献资料算得上唾手可得？如果你正处于开题阶段，就看看你的书桌上、电脑里是否已经准备好了搜集文献的工具？如果你有一个新的想法，你是否能快速找到和这个想法有联系的文章？社科类文章的撰写一定是站在巨人的肩膀上，所以你要想办法能随时随地"站到巨人的肩膀上"。如果你正处于文章写作瓶颈期，你能否快速从他人的文章中找到新的思路？要解决这些问题必须要满足两个条件：一是手边有权威性的杂志专著；二是在网络上能找到这个领域的大部分研究。

那么，什么样的资料值得一看呢？首当其冲的一定是比较权威的杂志或专著，行业权威杂志预示着未来的研究走向，也能帮助你尽快找到论文写作的方向。例如医学类必备的《柳叶刀》，法学专业必备的《中国社会科学》《中国法学》《法学研究》，教育专业必备的《教育研究》《课程·教材·教法》《比较教育研究》等。如果你是一线教学或教学实践的研究者，不妨再加入一些被业内所熟知的杂志或专著，例如小学数学教师们比较喜欢订阅的《小学数学教师》《小学教学设计》《教学月刊》等杂志，或者是比较经典的个人专著，这些对论文的写作都有借鉴作用。

现在，让我们一起看看已经准备好了哪些论文写作的"东风"吧。首先，创造好能随时随地写文章的环境。其次，准备好想要的数据分析软件。最后是唾手可得的文献资料。如果你读到这里已经按照上面所说的准备好了你这一领域所需要的硬件，那么就继续看下一节吧。

三、会哭的孩子有奶吃

中小学生们常常面临着"老师、家长催你写作业"的情况，而现如今的大学生常常面临着"导师催你写论文"的情况。很多人把这样的情况当作是"困扰"，可实际情况是：除了一些把学生抓得很紧的导师，大部分导师日常事务繁忙，只能牺牲休假时间帮学生处理论文、提供修改意见，他们不到万不得已的时候是不会催着你交论文的。记得有一年我与几个朋友难得见面，本想着能好好聊一会儿，结果一位正担任硕导的老友只简单与我们寒暄了几句，就急匆匆地给学生开起了视频会议，因为学生们马上要交开题报告了！平时再怎么放养现如今也得催上一催。所以说，如果等到导师催你了，那论文的进度真的是有点慢了。如果想要尽可能顺利地完成一篇论文，那就不要等导师催你，而是要主动找导师。如果导师比较忙，当下没法为你答疑解惑，那就直接发邮件或文档，等导师忙完了自然会第一时间回复你。

我的研究生导师也是一个大忙人，我们私底下常常称呼他为老钱，他有一句常挂在嘴边的话：会哭的孩子有奶吃。想吃奶就要经常在导师面前"哭一哭"，表达诉求。作为教育领域的研究生，老钱老是"嫌弃"我们遇到问题不敢问、怕出错，喜欢自己闷在书桌前解决。最后论文出了大纰漏只能从头修改，所以要求我们在一开始就别怕麻烦导师，要学会做个会哭的孩子，时常出现在导师面前刷刷存在感。

读到这里，想必很多读者开始疑惑：写论文时什么时候找导师比较合适？论文写作自然不能全程依靠导师，论文毕竟是自己独立研究的证明和毕业所需的必备成果。但我们需要让导师知道你的写作进度和论文的思路。所以我们可以在论文写作的这几个阶段去找导师"哭一哭"，寻求一些帮助：选题阶段、计划阶段、问卷或模板设计阶段、研究成果最后成文阶段。找导师之前可不能大脑空空盲目地就去了。在寻求导师或相关专家帮助前，我们对论文一定要有一定的思考和与其相关的一些准备。比如你正处于论文的选题阶段，就尽量不要向导师咨询：

"老师，这个主题好吗？"

"老师，我该写什么主题？"

这些问题看起来没有经过自己的思考加工，也没有经过文献资料搜集和分析的准备工作。适合问导师的问题应该是这样的：

"我通过资料搜集，发现目前研究领域较为流行的主题有……您觉得对于我的情况哪一个更合适？"同时呈现自己搜集的资料和分析的过程：

"我想研究主题 A，它的优势有……它的缺点也很明显……不知道在研究过程中应如何规避？"

仔细看看上面两类，如果你是导师，喜欢学生向你问出什么样的问题呢？答案显而易见，自然是有自己的思考、对研究有启发意义的真问题。

手拿文献跟导师谈开题，是对导师最起码的尊重！选题阶段需要向导师透露你的兴趣领域，还要对这个主题能否进行研究提出疑问。在计划阶段，我们需要明确自己认为可行的研究方法，注意，研究方法必须是你能力范围内可实现的，千万不能天马行空。例如你想研究当前结婚一年内夫妻的婚姻现状，站在全国角度上研究可以吗？能研究出来自然最好，但是凭你自己的能力能拿到全国的相关数据吗？显然没有办法。

因此在计划阶段，我们应当对研究方法、研究内容、研究范围的确定有明确思路，再提出还存在哪些问题，看看导师能否帮助解决这些问题。例如，"我采用了……方法研究……和……，研究对象是……，但是目前适合的研究对象有限，数据太少了"，先说明自己做的努力，再加上客观存在的障碍，这时导师一般就会开始帮你想办法了。

问卷设计或模板设计很重要，它决定着你的论文思路能否真正落地，而问卷题目的设计更需要经历"理论确定—理论剖析—分解—编写—实践—修改—第二次实践……第四次修改—成稿"的过程，问卷题目的编制必须基于理论、定于实践，绝不能拍拍脑袋自己编出来。想象一下，问卷数据都收集好了之后才发现原本设计思路出现了纰漏，这将会使前期大量工作变成无用功。所以在问卷设计时期就要保证万无一失，或者确保出现的问题是在可弥补的范围之内。在问卷题目确定好之前一定要发给导师看一下，避免出现重大遗漏。

最后是论文的成文阶段，研究报告或毕业论文在上交之前需要再三检查。在给导师过目之前首先要排除掉错字、语病等低级书写错误；其次要充分了解自己写的内容，以便能提前给导师汇报演示一遍。所以，你去找导师要关注时，一定要呈现论文最重要的部分，要向导师汇报：①选题的合理性；②研究计划的可实施性和创新性；③问卷问题设计的科学性。同时向导师提出你研究时的疑惑。这个时候导师也会给你很多建议，照着去修改就可以了，等下一次汇报时再根据导师之前的建议展示你的修改结果。

虽说"不会的题目问老师"是一句老生常谈的话，但怎样把每一次和导师的交流效率提高，就需要动动脑筋了，希望这一节的讨论可以给需要写论文的读者带来一些思考。

四、写给自己的截止日期

对于像我这样的拖延症患者来说，交作业日期临近带来的压力是第一生产力。但往往卡着学校设定的截止日期写出来的论文总是略显匆忙，难免出错，所以不妨将论文切割成几个环节，每个环节就是一个进度，比如将论文切分成：论文选题期、计划制订期、实践瓶颈期以及成果整理期等这些环节，按进度走完，论文也就完成了，下面介绍下各环节对应的内容。

论文选题期

论文的选题展示了你对相关领域热点的了解程度和未来研究导向的把握。这就仿佛要在一堆新开盘的股票中选一只潜力股进行研究。论文的题目一定是选出来的，不是自己凭空想象出来的。真正的研究一定是在前人的基础上稍微"踮踮脚"。例如在目前基础教育领域中比较热门的项目主题，网络上已有很多此项目的理论、特征适用性等研究，这些充足的理论可以给相关人群的实践研究提供很多支撑，我们只需在此基础上选择大理论下的一个小点深入研究就可以了。我们的论文选题绝大部分都是前人已研究过的，要知道对于人文社科类的学科而言，你想研究的主题从来就不是"开天辟地""书写历史"的巨作，能做到与别人有些许不同已很不容易。

计划制订期

论文计划的制订可以看成是目录的编制，明确了目录，基本上也就能明确自己想要写什么样的内容、得到什么样的结论了。还是以教育部《义务教育课程方案和课程标准》（以下简称为《新课标》）推出的项目化学习研究导向为例，项目化学习的研究有很多角度可以写，比如项目化学习案例的设计（这种研究需求量大、写的人也很多，但想要脱颖而出并不容易）、项目化学习的评价设计、教材对比的分析等，从这些角度都可以聚焦项目化设计与应用的研究。当然，如果想新颖一点，可以从学生视角开展调研。

实践瓶颈期

对于需要做实践任务的课题研究来说，有些需要进行行动研究，有些需要做调查研究。可在实践过程中难免会出现一些瓶颈，比如在田野调查中能否与受访者建立联系？能否融入当地习俗设身处地了解内部信息？在行动研究中发现方案不合适怎么办？在调查中发现多个教育访谈对象提供的信息不一致怎么办？这些问题都将使实践研究陷入困境。

但在实践过程中遇到的困难往往是研究内容的一部分，而且实践过程中遇到的瓶颈往往对研究还有推动作用，特别是对于研究者本身，随着自我反省意识的增强，研究者会作为实践活动进展的主要参与者，在实践中发现问题、解决问题、推进研究、远离瓶颈。可以说，此时的瓶颈已不再是简单的研究瓶颈，而是研究者的"个人瓶颈"，解决这个问题不仅能推动研究的发展，也能带来研究者本人能力的进步。

成果整理期

成果整理期属于研究的结束阶段，进入这一阶段意味着所有与论文有关的文献资料、实践材料等都已经收集完毕，就差用一条主线梳理成文了。但即便到了此环节，很多人还是觉得写作工程巨大，非常棘手，心里总想着逃避，这样避来避去就浪费了很多时间。在我看来，最后的文章撰写部分只需确认两件事就可以缓解焦虑，一是文章的逻辑主线；二是格式问题。前面的工作做得充分一些，资料准备得齐全一些，文章的逻辑主线串联就会相对容易。如果资料不齐全（这种情况时有发生，我们会在最后成文阶段有新的思路，导致有资料疏漏），只需补上缺失的那一部分即可。最后的格式问题就显得轻松很多，只需找好实例或论文格式标准，按要求操作即可，一旦论文格式梳理完毕，面对像模像样的论文雏形，焦虑也就自然消失了。

| 第二章 |

▶ 文献检索：站在巨人的肩膀上

为什么要读文献？为什么要进行文献检索？为什么要写文献综述？文献综述，也可以叫作文献回顾、文献分析，是大量搜集某一领域、某一专业或某一方面的课题、问题或研究专题的相关资料，然后通过阅读、分析、归纳、整理当前课题、问题或研究专题的最新进展、学术见解或建议，对其做出综合性介绍或阐述。文献综述作为毕业论文或学术课题的一部分，也叫作研究现状。

无论是文献综述还是研究现状，其目的都是为了客观叙述和介绍以往研究的情况。读文献就是站在巨人的肩膀上去思考你想研究的问题，希望能看到一些和巨人不一样的东西。文献检索的目标是为了回答以下问题：前人在这个领域做过哪些研究？我的研究在这个领域处于什么位置？通过此研究我们可以做出什么新的贡献？如果前人还没有涉及，那么我的研究可以如何填补空白？如果前人已经讨论过了，我应该站在怎样的角度赋予研究创新性？如果前人的研究有一些谬误，我该如何纠正？基于这些问题，本章要解决的问题有：

· 文献怎么找？
· 文献怎么选？
· 文献怎么读？

一、文献怎么找：广撒网

讨论这个主题前，我们先思考一下，你写论文时会从哪里找资料？很多人马上想到：期刊和专著。真好，这就是你写论文迈出的第一步。第二步，期刊和专著怎么找？一般可以通过线上和线下两种途径，这两种途径基本可以全面覆盖所需文献。

线下资源

线下资源首先想到的有：学术专著和期刊。最好是先从提出你研究方向的主要概念或者相关概念的那本书开始看起，或者是从你研究方向领域中影响较大的专著开始阅读。例如我想研究基础教育项目化学习的设计，在这一领域影响较大的是夏雪梅博士的《项目化学习设计》，当然新发行的《新课标》也应当作为这个研究方向的基石。这些资料可以帮助我们了解研究方向里所涉及的主要概念的全貌。

比如，如果想研究项目化研究的现状，我的建议是直接从核心专著的参考文献中寻找相关文献，再进行精读，即"滚雪球"式搜集。通过"滚雪球"，找到你研究方向里的"巨人"。

除了找到核心专著，也可以直接以研究关键词为搜索内容在各类图书馆、书店等地搜索相关图书。一般来说专业类大学的图书馆会藏有更全面的专业图书，比如北京师范大学图书馆会有全国顶尖的教育类专著，中国政法大学图书馆则会典藏更多法学、政治学的相关图书，医学类图书则在各类医科大学医学院图书馆中更容易找到。

找到与论文相关的图书之后我们还会面临新的问题：是否需要引用？需要全篇精读还是部分略读？这些问题的答案与两个问题相关：图书和你的研究内容是否吻合？图书质量如何？

第一个问题比较好理解，需阅读的部分要和你现有的研究主题相关度高。例如我想研究"双减"政策对学生家庭教育的影响情况，难免需要阅读教育心理学专著，但心理学不是主要的，我们只需要阅读家庭、亲子关系对学生心理健康发展的影响部分即可。

第二个问题是图书的质量，不是每一本出版的专著都值得细细研磨，评价图书的质量，可以搜索该作者是否为这一领域的权威专家或者是否撰写过相关领域的重要文章，若都是，说明这位作者的文字含金量较高，适合作为参考文献。

线上资源

线上资源的寻找与讨论，我想主要介绍期刊。一些学术期刊也能通过线下途径得到，例如邮局订购、阅览室阅读等，但我认为这些并不能成为搜集期刊的主要方式。首先，如今市面上的各类期刊非常多，通过纸质期刊来寻找你需要的文章耗时耗力；其次，一本期刊里面可能只有几篇文章是你需要的，为了这几篇文章订购一整本的期刊，价格上非常不划算；最后，纸质期刊往往有时效性，在图书馆架子上放着的可能只有近一两年发行的，其余的都已被封存，如果你想寻找这本期刊 20 年前的一篇文章，会非常不易。这么看来，我们应尽可能把期刊阅读的精力放在线上。

线上搜集期刊的途径就有很多了，中文期刊可主要关注 CNKI 中国知识系列数据库（中国知网）、万方数据库、中文社会科学引文索引（CSSCI）等，常用的文献数据库如表 2.1 所示。

表 2.1　常用数据库

CNKI 中国知识系列数据库	维普中文科技期刊数据库
万方数据知识服务平台	读秀学术搜索
中国科学文献服务系统（CSCI）	中文社会科学引文索引（CSSCI）
国务院发展研究中心信息网	国家自然科学基金基础研究知识库
中国人民大学复印报刊资料全文数据库	中国光学期刊网数据库
国家哲学社会科学学术期刊数据库	科学引文数据库
大学数字图书馆国际合作计划（CADAL）	

以上数据库基本能覆盖全国所有专业杂志和学术资源，对于普通研究生来说，使用 CNKI 和万方数据库，这两个数据库就足够了。

还有一些研究主题需要用到大量外文文献，我从其他著作中整理了一些外文数据库（引用自毕恒达教授的《教授为什么没告诉我》），供大家参考。

Science Citation Index（SCI，科学引用索引资料库）

Social Science Citation Index（SSCI，社会科学引用索引资料库）

Art & Humanities Citation Index（A&HCI，艺术与人文引用索引资料库）

Scopus（评议摘要引文数据库）

PsyINFO（心理学文献电子资料库）

SOCIOFILE（社会学期刊论文索引与摘要资料库）

Educational Resources Information Center（ERIC，教育相关文献资料库）

Springer（美国化学学会出版刊物，影响因子很高，但是下载有权限）

还有一部分数据库深受留学人士的喜爱：例如 SCI-Hub、Library Genesis、cnpLINKer 等，外文文献需要依靠外文阅读能力和信息搜索能力，虽然难找，但可以接触到相关领域最新发表的文章，所以，搜读外文文献的习惯值得培养。英文比较弱的同学可以尝试使用翻译软件进行搜读，但请不要依赖，尤其是对专业词汇的使用还是需要熟练掌握的。

文献检索，你找对了吗？

有这么多搜索文献的途径，从线上到线下、从国内到国外，可依旧还有很多同学的文献综述写得不清不楚，从根源上看就是文献没有搜索对。那么什么样的文献才是"对"的文献？可以对照以下四点进行检验。

第一，全面性。你需要尽可能详尽地搜索与你研究主题相关的文章，避免出现大方向的"漏网之鱼"，单单只靠关键词或主题检索的几篇文章并不足以完成你的文献综述。所以在文献搜索阶段，学会分类整理文献也是研究的必经之路。例如以关键词为名称建立文件夹，把你找到的所有相关主题文献放进文件夹内，再根据文献的特点继续分类。例如我想研究小学数学评价体系建构的主题，我需要找的主题就有：小学数学和评价，用文件夹分别进行分类整理。在"评价"的文件夹下可以按照研究方向再次进行分类，分为：评价理论和评价实践。在"实践"名称的文件夹中可以按照内容继续分为：过程性评价、表现性评价、结果性评价。当然也可以用研究方法进行分类，如：问卷调查、访谈调查、行动研究等。

只有尽可能多地浏览文献，才能对研究领域的现状有正确的思路，在找文献的过程中，论文的题目和你要研究的主题也会越来越清晰。

第二，即时性。很多研究是具有时效性的，过去五年的文献和过去二十年的文献哪一个更具有参考价值？除了那些权威性有里程碑意义的文献，一般来说最新的研究是最具有参考意义的。

第三，针对性。针对性的特点不言而喻，你要研究什么领域的文章，就要搜索什么领域的文献。

第四，合理性。合理性体现在文献的分布。首先是权威期刊和普通期刊的分布，既然是参考文献，那参考的一定是学术成就比你更高的作者，一般来自 CSSCI 或者其他行业内认定的核心期刊。普通期刊虽然也有好文章，但筛选太过费时。

以上四点可以帮助读者尽快找到需要的文献。

二、文献怎么选：学会"高攀"

怎么在海量的文献中选取含金量较高的文献先阅读呢？这里首推各行业的核心期刊。

核心期刊

国内的数据我一般会参考中文核心期刊，给大家推荐几个我常用的核心期刊。

北大核心：关注北京大学图书馆中文核心期刊

南大核心：关注南京大学"中文社会科学引文索引（CSSCI）来源期刊"；

中国科学技术信息研究所"中国科技论文统计源期刊"（CSTPCD，又称"中国科技核心期刊"）

中国科学院文献情报中心"中国科学引文数据库来源期刊"（CSCD）

中国社会科学院文献信息中心《中国人文社会科学核心期刊要览》，《中国人文社会科学引文数据库》（CHSSCD）

武汉大学邱均平教授主持研制的《中国核心期刊目录》

清华大学图书馆和中国学术期刊（光盘版）电子杂志社研制的《中国学术期刊综合引证报告》，建有《中国引文数据库》（CCD）

以上数据库可代表我国绝大部分核心期刊，一般来说以"北核"和"南核"为主，倘若某期刊同时被两种标准认定为核心，那么该期刊就是双核心期刊了，此类期刊更应成为我们写论文"高攀"的对象，需要用心阅读、提炼，可将其中对研究有用的部分一一记录下来，甚至可以全文保存。

至于外文期刊，在几年前我偶然得知了 Connected Papers 这一论文检索工具，我将其称为外文文献搜索的"神器"，直接打开 Connected Papers，再输入该领域的关键词或文章标题、文献 DOI，点击"build a graph"便可生成可视化文献关联网络图，从网络图中可以看到各类外文文献的情况。

怎么确定你查找到的文献是否为这一领域的核心，可以看这个文献是否在这个网状图的中心位置，若位于中心，可以通过右边的介绍信息来判断是否需要下载才能阅读，如果可下载，就观察下载旁边显示的圆圈，圆圈越大表示被引用的次数越多，一般在领域内具有开创性贡献的或者阶段性突破的文章，下载次数会明显变多。

三、文献怎么读：分类、挑选、拥有"巨人"的视野

在读文献时，很多人都会有一种看了半天脑袋依

然空空的感觉，看似读了很多东西，但是一回头又忘记了文章说了什么，只有零零碎碎的知识片段，存储在脑海中，没有与大脑里其他的信息建立起联系，那么怎么才能更好地阅读文献，让文献与我们已有的知识体系做好连接呢？我们可以按下文这么做。

文献整理：分类

阅读、整理文献的第一步便是给文章分类，给文献分类这件事应当时刻印在每一个研究生的脑子里，即使手上没有正在开展的课题，也应保有给文献分类的习惯，正所谓"博观而约取，厚积而薄发"。等以后真研究这一方面的课题时，便能顺着自己整理的脉络看到这个领域的经典文献。

那么如何给文献分类？我们可以使用 Zetro 这一文献整理软件，它的界面简单，可以在信息栏中填写与这篇文章相关的信息，包括 Info（文献基本信息）、Notes（笔记和读者反思）、Tags（文章被添加的标签）、Related（与该文章相关的文章），同时也能生成参考文献，这对于常因参考文献格式问题反复修改的同学来说，是一大神器。不过这个软件最大的问题是在抓取中文文献时经常失败。

后来我听从别的朋友的建议，安装了一个茉莉花插件，缓解了抓取文献失败的问题。

还可以使用 Excel，Excel 表格可用于整理文献的基本信息，可在表格中标注上文献的重要程度、来源、年份、研究方法等。

文献引用：挑选最喜欢的那颗珍珠

文献的引用和参考文献不同，参考文献可以参考很多文章，只要有一丁点儿关联也是可以的。但是文献引用须和自己的研究紧密相关才行。例如想研究洗衣液，可以从洗衣液的全球销量、工厂研发、零售情况、用户体验等出发寻找文献，这些都是与之紧密相关的内容。同时也可以去看一些关于全球经济贸易发展的文章，但这些文章就与"洗衣液"这一主题关联不太密切了，可以用作参考，一般不用于引用。文献引用往往会有两类情况，一种是引用别人的理论，来指导现有的研究实践。另一种是引用别人的实践经验（特别是一手资料）来证明这一实践的可行性，为自己的研究添砖加瓦。

文献引用最常出现在文献综述中，在下一环节我们会详细说到；其次是前言，用于交代自己的研究背景；最后是正文，有时会在叙述时用到。我们在引用时，可摘取部分语句拼凑成自己想要表达的信息，取用自己想要的那颗珍珠。

文献综述：努力拥有"巨人"的视野

根据我自己的经验，写文献综述有三重境界：罗列、整理、重造。

第一境界是罗列，这是我刚开始接触学术研究时所用的方法。文献综述是我在论文写作中遇到的第一个关卡，我总是一不留神就将文献综述写成了中药"药方"，把需要参考的部分一股脑儿全放到文章里，最后变成胡乱堆砌。例如 A 在《×××》中说……B 在《×××》中认为……总是对前人的研究带有"神圣滤镜"，写起来像是药方一样没有丝毫改动，这种摘抄式综述是很多人在写作中会出现的问题。我的导师曾告诉我们，文献综述一定要先确定一条主线，就是你想给读者展示什么样的证据来证明你的研究是可行的、值得的、具有前瞻性的。

第二重境界是整理，可以理解为将文献的意思保持不变，再用自己的语言总结一遍。这些语言应是根据文献概括出的，而不是重复原作者的话，概括可以让文献为己所用，也就拥有了巨人的视野。

第三重境界是重造。除了将文献作者们的研究思考和观点合理排列之外，还可以对其进行评论或批判。这里的重造就是把前人的研究结论作为证据填充进自己的研究思路，再谈一谈自己对它的看法。

| 第三章 |

▶ **开始构思：选题与方向**

● ● ●

　　在整理、阅读完文献之后，你的选题和研究方向也就呼之欲出了，这也是为什么选题这一章内容要紧跟在文献检索这一章之后。

一、选题的"厚积薄发"与"灵光一现"

　　一个好题目是论文成功的一半，你的题目是怎么得出来的？导师给的？拍脑袋想的？直接从他人文章中拿过来的？选题题目的重要性超过了开题和结题。如果题目选不好，后面的研究再怎么五花八门也没用，选题的确定相当于为论文写作选择了一个"起跑"的方向。

要找到一个合适的题目，首先你得了解你的研究领域；其次要有问题意识，发现已有研究资料的优缺点；最后再结合实际情况产生研究灵感。我把找题目的过程分为三步：厚积、薄发和灵光一现。

想必大家在寻找选题期间不外乎使用这三种途径：第一，找最新文章；第二，找著作；第三，找时事新闻。这三种途径可谓之"厚积"，如果你正处于这个"厚积"阶段，是否正在发愁这么多要读的内容怎么读才能读完？

别急，"厚积"完了接下来就到"薄发"，找准一个你最感兴趣的方向，精选文献，想一想如果是你，你会怎么写这篇文献？这篇文献还存在哪些不足？它好又好在哪里？这便是"薄发"阶段，找到一条你感兴趣的研究线。

而"灵光一现"就是在"厚积薄发"中与你产生共鸣的瞬间，这些瞬间一定要及时记录下来，用作你论文题目的关键词。

总结一下，论文选题离不开对文献的阅读、思考，并需从思考中结合实际、发现问题，最后不断与文献和时事产生共鸣，灵光一现发现题目。

二、论文研究方向的确立：选择"价值高的"
还是"兴趣高的"？

很多人在选题的过程中，总觉得这个题目好，那个题目也好，想着最好两个都能涉及，可两个题目的内容关系却不大，一个是看起来价值比较高、能研究出新的东西；另一个是自己更加感兴趣。这时该如何选择呢？在这里我的建议是两者要结合，如果非要选，那就偏向价值高且好上手的选题。这是考虑到研究生们只有 2 ～ 3 年的时间完成毕业论文（专业不同，学制也有所不同），还有发表论文的任务，如果你喜欢的课题性价比低、需要耗费较多人力物力，写到后来就要面临各种压力，到时候喜欢的课题就会变成阻碍你毕业的绊脚石。而价值高的课题要么比较流行、要么能给你创造一些额外价值，例如能发表在核心期刊等。在有限的研究生学习时间里，自然要选择能带给你更多价值的选项。至于感兴趣的课题，不妨等到毕业后再去慢慢琢磨，假以时日也有出彩的一天。

在之前的文献整理中，我们已经确定了大致的研究方向和基本研究领域，但是要确定具体要研究什么题目，还需要缩小范围，找到自己最感兴趣的一条线，纵向研究。

文献阅读也从"广撒网"转变为"只取一瓢饮"。

就拿教育领域为例，怎样的选题方向一定不会"被导师毙掉"？首先得看国家的教育政策，例如近几年出现的"双减""项目化""大单元""家庭教育""智慧教育"等方向，这些信息都能在教育部网站或者当地教育网站上搜索到。总之，国家提倡什么、社会需要什么，我们就研究什么。

三、论文研究方向的设计：产生研究思路的雏形

确定好方向以后，很多人会觉得现在可以确定论文标题了吧，不急，我们可以将标题的确定再往后放放，先产生一下研究思路的雏形，也就是：你研究的是什么？为什么要研究？我大概可以怎么做这个研究？当然，还得问一句：我研究的这个问题可行吗？

先解决"研究的是什么"的问题

也就是得先把你论文的关键词确定下来，研究的对象是什么？学术名称是什么？代表什么含义？如果遇到专业里不常用的词汇或者一些理论还需要添加一些备注，写在计划书里。例如《基于 APOS 理论的小学数学概念课教学

的实践研究》，就需要说明 APOS 是什么？小学数学概念课又是指哪些？这样便能确定好研究对象和基本的研究方法，避免跑题。

其次你要搜索一下这类主题是否有前辈研究过，现存的文献资料有多少，如果资料太多，那就得考虑这个主题是不是已经被研究透了；如果资料不多说明可能还有研究的空间。还要小心名词转换出现的陷阱，例如，我读研究生时有个同学想要研究"数学画"，上网一搜发现以"数学画"为关键词的论文数量很少，于是立马以这些文章为参考开始写论文，结果最后发现自己掉进了名词转换的陷阱。因为"数学画"这一词可能是近几年开始流行起来的，以前也有类似的研究，不过称其为"数形结合""图形结合""画图法""数学符号"等，我们要把这些相近概念全都搜集起来，作为论文已有研究的一部分，同时参考以往对这一现象的称呼来确定自己研究的关键词，从而解决"研究的是什么"的问题。

其次考虑"为什么要研究"的问题

"为什么要研究"的问题一般要回答两次，第一次是告诉自己，第二次是要写在文章里告诉读者。第一次向自己回答时要想一想这个研究好不好写、有没有价值、对自已有没有帮助。第二次回答时，是你已经确定要写这个题目了，答案将作为开题报告的一部分呈现出来，有些地方也叫研究背景阐述。

怎么做这个研究的问题

在回答这一部分内容时，如果你的研究思路清晰，就可以开始用文字表述你大概的研究过程了。我们可以在开题报告之前和导师讨论一下这个问题，然后根据讨论结果描绘出初步的研究蓝图，此处我以《单元主题视角下小学数学多元评价设计与实践研究》作为例子，做一个研究思路图，供大家参考，如图 3.1 所示。

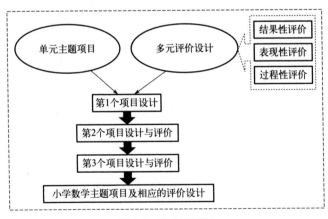

图 3.1　研究思路图

我研究的这个问题可行吗

理工科的研究大多需要大量经费，例如研究出某种新型发动机、研究某一药材的药性或发现某些植物的生长密码，与之相关的实验试剂、材料支撑甚至后期的推广都需要经费，一旦资金链不足就容易使实验卡住，研究变得尴尬。所以，要想解决经费的问题，就得牢记"背靠大树好乘凉"，在导师的带领下前进绝对胜过单打独斗。

对研究可行性影响最大的一定是研究本身。首先，是研究者自身专业水平能否胜任这项任务，比如你一个数学专业的想去研究汉语言文学，这就会让评审专家直接摸不着头脑，研究的可信度就会大打折扣。其次，你的研究对象是否合理，倘若你想要研究中学数学课堂教学，但是你本身是一个一线小学教师，没有经历过中学课堂教学工作，你的研究就无法让人信服。最后，研究内容是否值得研究，这体现在选题是否有价值、是否有创新、是否能促进某一事物的变化。

题目的确定

这时我们可以来确定论文的标题了，标题可以表明自己的观点、提出自己的疑问，也可以加入一些趣味性词语，给论文的基调添一些活泼。但是也有一部分不合时宜的题目需要大家规避。

第一，太过高大上的题目。很多导师都会遇到"题目选得太大"的学生，题目太大意味着研究范围太大。

第二，没有学术意味的题目。没有学术意味表示你的论文题目可能只停留在现象上，例如《实习教师怎样站稳讲台？》。这类题目作为研究标题，只有现象缺少学术意味，最好在标题中添加"用××方法采用××理论促进实习教师站稳讲台"，增加研究方法和学术理论。

第三，学术关键词太多的题目。关键词是文章研究内容或方法的体现，不可以太多，免得抢走主要关键词的风头，在题目中应尽可能把你需要表达的主要关键词描述清楚，其余关键词应作为辅助出现，例如《项目化研究设计与评价应用研究》，这个题目一看就让人有点摸不着头脑，不知道你到底想研究项目化的设计还是评价的应用，这两者的地位相差不大，没有体现出谁更重要，两者都重要又显得题目太大。

四、论文选题的雷区

现在再来谈一谈论文选题的几个雷区。

跨学科类型的选题

跨学科类型的题目真的不好掌控！近几年研究生、博士生跨专业考入的越来越多，有些同学为了在写文章中能体现自身所学专业的特色，喜欢把两个专业结合起来研究。对此我的看法是：慎重。跨学科研究可能会产生创新之处，也有可能写到最后谁也不像。就比如从汉语言文学专业跨考进教育学专业的学生，在写论文时是会更靠近文学一点还是教育学一点呢？假如你的论文题目是《小学语文小古文教学研究》，按照汉语言文学的角度来看应更倾向于用文学的视角研究、用文献搜索的方式来整理，论文中说文解字的意味会更浓一点。但是放在教育学领域，教育学更重视学生本身，学生知道了什么？怎样让学生知道？才是论文应该关注的重点。

因此，对于非教育学背景的同学来说，在写与教育学相关题目的论文时，如果总是下意识地想用自己原有的知识背景来解答，会很容易跑题，最后完成一篇不是教育学内容的论文。

另一方面，跨学科的论文很有可能写成四不像，你真的认为你对原先的专业知识已完全精通了吗？你对于现在的专业知识已经可以信手拈来了吗？如果不是，那就要做好论文写不下去的准备。跨学科的同学总有一个错觉，认为两个专业的知识结合在一起能产生"1+1=2"或"1+1>2"的结果，可实际上可能会出现"1+1<1"的结果，两个专业都不怎么精通，硬拼起的论文，可读性很低。当然，如果你想要用原先的知识来辅助现在所学专业的研究，那是个好事情！在写作时，两者地位明确，主次分明，就能给论文起到很好的锦上添花的作用。比如论文的基础结构和研究方法都用的是教育学基础，在提供对策和案例分析的部分可结合本科所学的专业知识，不喧宾夺主，只是补充你现有的研究。

理论性太强的选题

写这类题目之前先想想自己是不是领域内具有话语权的权威专家？是否已博览群书对整个专业的知识脉络都了解得一清二楚？是否本身就痴迷于理论研究并且已经有好几篇纯理论文章发表了？如果都不是，那就千万不要碰纯理论性的文章！纯理论的文章要在理论的基础上建构理论，如果你决定写纯理论文章可能会产生三个后果：第一，理论基础丰富、架构严丝合缝，是一篇不可多得的好文章；第二，文章逻辑漏洞百出，甚至把自己绕进去，不知所云；

第三，根本就写不出来。在我读研期间，导师用一句话就浇灭了我们想要开展纯理论研究的想法：如果你不是毕业十年以上的博士，理论研究碰也不要碰！理论研究是站在这个领域全部研究理论的基础上再架构出新的理论，你得完全熟知这一领域的全部知识，并且有自己的整体思路。作为研究生，很难达到这一水平。但这里要注意，虽然纯理论研究不建议大家尝试，但以某个理论下的实践研究为题是可行的，比如"××理论下的数学运算策略研究""以××理论为视角的小学生心理健康教育研究"。

实践性太强的选题

理论性太强的选题不好写还是很容易理解的，实践性太强的选题怎么也不好写呢？其实，有一些选题并不是不好写，而是不合适写，实践性强的选题比较适合一线工作人员研究，他们能接触大量的一手案例，写出来的文章也会更加生动。而还在学校里学习的研究生，社会实践远不及一线研究人员，为了保证论文案例的丰富性，他们会选择使用更多的二手案例来填充，这样文章的价值就明显小了很多。如果不考虑上述原因，实践类的选题一般可解决一些现实问题，算是目前研究论文中比较受推崇的一类。

我分析过研究生和一线老师写的与实践相关的文章，的确有很大不同，研究生偏理论分析说明，一线老师更加偏向于解决问题。如果真想把实践性强的选题写好，可以去一线实习一段时间，积攒一些能使用的案例再回去写论文。

范围太大的选题

前面已经讨论过，范围太大的选题容易导致文章没有深度、泛泛而谈，对于研究生或准备写论文的学生而言，避免论文选题写得太大不妨使用"自下而上"的方法，你可以通过一个现象开始思考，从这个现象往上深挖发现内部逻辑，再从这个逻辑引申到最终依托的学术理论。"自下而上"的思考路径比较适合时间不是很充裕的人。相反"自上而下"的思考路径就需要从理论本身出发，不断细化到子理论，再研究理论引导下的不同类型的实践问题，工作量庞大，需要有丰富的理论实践知识，匹配十年时间磨一剑的功力才能完成。

这里帮大家画个重点，论文的题目要尽可能选择切入口小、易上手、理论结合实际的，不要被自己所谓的兴趣或者宏伟的愿景引导。

第四章

▶ 搭出框架：研究计划怎么写？

● ● ●

　　如果是写平时的课程论文或为了发表有固定篇幅的小论文，可能并不太需要大费周章地写研究计划，只需要简单交代研究进程中的基本步骤就行了。但如果是为了完成学位论文或者课题项目，研究计划就需要做到细致、精美，让读者或项目组读完之后认为你的研究可行且能解决某一部分问题。可以说，课题研究计划是拿到研究基金、成功立项的关键。那么在研究计划中应该包含哪些部分？这些部分应该如何撰写呢？

　　首先我们需要清楚，研究计划的大部分内容应当用来阐述你的研究方案，一般包括但不限于以下部分：

（1）研究指向的问题；

（2）研究的切入点；

（3）主要研究内容；

（4）研究目标；

（5）预期成果；

（6）研究工作的时间规划。

这是针对省社科类教育领域课题申报书的常见模板，当然，不同领域所要阐明的要点也不相同，有的申报书还需要包含已有研究情况，即文献综述。总之，最重要的是一定要把写作思路表达清楚，并且能做到"说服"他人。

一、确定好研究方法

在研究计划中，研究方法的确定是较为重要的一环。研究方法可以分为定性研究和定量研究。常规的实验、问卷调查大多属于定量研究；访谈调查、质的研究等可以归类于定性研究。当然，任何一种调查方法都有其存在的意义，过多思考"哪一种研究方法更好"是没有价值的。采用的研究方法都是为了解决现阶段想解决的问题。

一般来说有六种常用的研究方法。

调查法

调查法是科学研究中常用的方法之一。它是有目的、有计划、有系统地搜集有关研究对象现实状况或历史状况的方法。调查法会综合运用历史法、观察法等方法以及谈话、问卷、个案研究、测验等科学方式以使研究更加全面、深入。如果用于教育领域，它可以对教育现象进行有计划的、周密的和系统的了解，并对调查搜集到的大量信息进行分析、综合、比较、归纳，从而为人们提供规律性的知识。

比较常用的调查法包括问卷调查法和访谈调查法。问卷调查法是以书面提出问题的方式搜集信息的一种方法，即调查者将调查项目编制成表格，分发或邮寄给相关人员，填写答案后回收整理、统计分析。访谈调查法是研究者通过口头谈话的方式从被研究者那里收集（或者说"建构"）第一手资料的一种研究方法。

观察法

观察法是指研究者根据一定的研究目的、研究提纲或观察表，用自己的感官和辅助工具去直接观察被研究对象，从而获得资料的一种方法。当然这里需要注意的是：科学的观察具有目的性和计划性、系统性和可重复性。一般来说观察法具有三个作用：第一，扩大人们的感性认识；第二，启发人们的思维；第三，产生新的发现。为了使观察法更加有效，我们一般会采用观察表进行观察、记录，以便于得到自己想要研究的信息。比如在课堂观察中，我们会针对课堂中的某一块内容进行针对性观察、记录，例如教师的语言，学生的回答，小组合作次数，学生走神次数，学生使用草稿本的习惯等，如表4.1所示。

表 4.1　教师提问技巧水平检核表

课名		《用公因数和最大公因数解决问题》									
授课老师		授课对象			观察者						
观察目标		观察教师提问的情况，从提问的有效性来分析解决问题的能力是如何培养的？									
序号	提问内容	A 教师提问					B 学生回答				
		管理 1	认记 2	理解 3	推理 4	创造 5	无答 1	机械 2	认记 3	理解 4	创造 5
1	从中你知道了哪些信息？要解决什么问题呢？										

续表

序号	提问内容	A 教师提问					B 学生回答				
		管理 1	认记 2	理解 3	推理 4	创造 5	无答 1	机械 2	认记 3	理解 4	创造 5
2	要选择怎样的地砖，谁能再来说一说?										
3	它们到底是什么意思呢? 你能结合草图来解释一下吗?										
4	你认同吗? 有补充吗?										
5	地砖的边长可以是多少分米呢?										
6	大家还有补充吗? 他们俩表达清楚了吗?										
7	你们听懂了吗? 还有什么想问的吗?										
8	16÷2表示什么意思? 12÷4呢?										
9	边长3分米的地砖为什么就不行?										
10	有余数说明了什么?										

续表

序号	提问内容	A 教师提问					B 学生回答				
		管理 1	认记 2	理解 3	推理 4	创造 5	无答 1	机械 2	认记 3	理解 4	创造 5
11	这些同学的方法有什么相同点？										
12	通过刚才的讨论，我们知道这三种方案都是可行的，如果是你，你会采用哪种方案？说说理由										
13	每排最多有多少人，谁来说说你是怎么想的？										
14	你怎么知道是求公因数呢？										
15	最大又是哪里看出来的？										
16	这是两位同学求最大公因数的方法，他们分别用了什么方法？你们更喜欢哪种？										
17	第二个问题：这时男、女生分别有几排？										

序号	提问内容	A 教师提问					B 学生回答				
		管理 1	认记 2	理解 3	推理 4	创造 5	无答 1	机械 2	认记 3	理解 4	创造 5
18	刚才的铺砖问题和现在的排队问题，有什么相同的地方?										
19	第一个可以吗? 说说理由										
20	这是属于哪种植树问题?										
21	最后一个问题其实在求什么?										

实验法

理工科常常会用到实验法，它是通过控制研究对象来发现与确认事物间的因果联系的一种科研方法。实验法的主要特点有三个。第一，主动变革性。观察与调查都是在不干预研究对象的前提下去认识研究对象，发现其中的问题。而实验却要求主动操纵实验条件，人为地改变对象的存在方式、变化过程，使它服从于科学认识的需要。第二，具有控制性。科学实验要求根据研究的需要，借助各种方法技术，减少或消除各种可能影响科学的无关因素的干扰，在简化、纯化的状态下认识研究对象。第三，具有因果性。科学实验以发现、确认事物间的因果联系为有效工具和必要途径。

文献研究法

文献研究法是根据一定的研究目的或课题，通过调查文献来获得资料，从而全面、正确地了解掌握所要研究问题的一种方法。文献研究法的主要作用有四点。第一，能了解有关问题的历史和现状，帮助确定研究课题，这也就是我们常说的文献综述。第二，能形成关于研究对象的一般印象，有助于观察和访问。例如可以对原有文献的研究方法或调查问卷等设计方案进行借鉴和改造。第三，能得到现实资料的比较资料，例如，想要研究新课程改革的教学手段，就可以先去了解一下传统教育方式是怎样的。第四，有助于了解事物的全貌。这也是最重要的作用，文献法需要贯穿整个研究，前期搜集资料，了解研究对象的前世今生，中期需要搜集前辈的研究思路、研究方法、研究工具，以便拓展思路。到了后期，便可以搜集他人对成果的制作与应用。

个案研究法

个案研究法是认定研究对象中的某一特定对象，加以调查分析，弄清其特点及其形成过程的一种研究方法。个案研究的基本类型有三种。第一，个人调查，即对组织中的某一个人进行调查研究。它往往和质化研究方法有密切联系，例如要深入研究某一个人的成长、思考等，便属于质的研究的范畴了。第二，团体调查，即对某个组织或团体进行调查研究，多数用到访谈、问卷等形式。第三，问题调查，即对某个现象或问题进行调查研究。

实证研究法

实证研究法是科学实践研究的一种特殊形式，是根据现有的科学理论和实践的需要提出设计，利用科学仪器和设备，在自然条件下，通过有目的、有步骤地操纵，根据观察、记录、测定与此相伴随现象的变化来确定条件与现象之间因果关系的活动。其主要目的在于说明各种自变量与某一个因变量之间的关系。这听起来有点像实验研究法，但是和实验法又有较大的不同，实证研究法往往无法控制变量，只能通过仪器用数据表达某一段时间研究对象的变化，从而得出结论。

除了以上这些研究法，有些研究者认为还存在描述性研究法和经验总结法，这两种研究方法也可贯穿整个研究，属于普遍、一般的研究方法，所以就不在这里另外介绍了。了解了这些常用的研究方法以后，读者们可以根据自己的选题、借鉴已有文献，选择需要的方法。一般来说，一项研究都会涉及多种研究方法，研究方法往往不是单一出现的。对于社科类的研究来说，除了实验法不常用，其他研究方法都需要经常用到。

其次，观察他人做研究时采用了哪些方法。这里需要边读边思考：这篇文章用了什么样的研究方法？这样的研究方法合适吗？还可以采用怎样的研究方法？最后得到的效果会如何？最后，将自己的研究内容和研究方法结合起来，便能阐述研究项目的过程了。

二、研究设计的组成

确定好最基本的研究方法以后，我们便可以着手完成研究计划这一部分了。针对一般的社会科学研究，陈向明教授认为研究设计需要包含以下几部分：（1）研究的背景与问题；（2）研究的目的与意义；（3）研究的地点与对象；（4）研究方法的介绍与运用；（5）研究评价与后续检测。这五个要点也有轻重缓急之分，其中研究的背景与问题、研究的目的与意义、研究的地点与对象这三个问题应当是表述最完整的，研究方法的介绍与运用、研究评价与后续检测则需要随着研究的深入不断进行调整和细化。因此我们在写研究计划时，需要着重描述前三项，后续两项可以简略描述。但这并不代表后续两项不重要，相反，它们太重要了，不能在研究设计阶段就盖棺定论。

研究的背景与问题

怎样确定你的研究背景？不妨先问自己几个问题：我对什么感兴趣？哪一方面的知识能让我感到兴奋？为什么我会对这些事物产生兴趣？跟这些事物产生联系的知识有哪些？所有的研究都来自提问，科学研究本就是"发现问题——提出问题——解决问题"的过程，如今我们讨论的研究背景，就是处于发现问题的阶段。

找到了自己感兴趣的领域之后，我们就可以逐渐缩小研究领域的范围，直到找到自己感兴趣的一个点，这也是质的研究一个比较明显的特点——不断聚焦。这个过程可能需要我们不断搜集资料，将这些背景明确化。例如，你发现自己对小学生校外补课情况比较感兴趣，可以先确定好小学生、校外补课这两个关键词，如果在研究过程中发现校外补课与校内学习成绩有一定关系，那么你就可以将重点放在这两个方面进行研究。

最后，我们还需要考虑一下研究的可行性，也就是研究的客观条件能否被满足。例如你想研究中美学生数感培养的方法比较，这个方向值得研究吗？值得，但前提是你能多次前往美国并且深入课堂进行研究，显然对于一般研究者来说很难办到，所以，这个选题对你来说，可行性不高。还有一种情况，你对双胞胎教育比较感兴趣，想要观察母亲的关怀对双胞胎情感发展的影响，这个问题需要你直接干预两个学生的生活学习情况，了解受到母亲关怀比较弱的那一位会对他未来的生活产生什么负面影响？你是否改变了他们本该正常的生活？这里建议：涉及这一类伦理道德的课题尽可能不要做，因为极有可能出现争议。如华生的"小艾尔伯特实验"，涉及儿童情绪刺激问题，一直在心理学界存在争议。

研究的问题，相对来说是研究背景的细化。你知道了自己对什么感兴趣，感兴趣的几个背景又分别处于哪个领域，接下来就可以开始从这些宽泛的研究背景中提炼出具体的、主要的关键点，这就是要研究的问题了。研究问题的确定不仅发生在研究设计中，有时候也会发生在研究过程中。比如，你本来想研究的问题是农村教师是怎样进行职业规划的？后来你发现你都没有机会去农村学校实习，所以只好把研究问题的范围改变一些，改为社区学校教师是怎样进行职业规划的，或者是重点小学教师与社区小学教师的职业规划有什么区别。

对研究问题的描述一定要具体、直接、精简，为什么又要具体又要精简呢？具体的问题能聚焦重点，描述研究问题时需要尽可能多地呈现出研究对象、研究地点的特点，假设你的研究问题是"中学教师职业幸福感的研究"，那么，这个中学教师是哪里的？农村中学还是城市中学？内地的中学还是沿海地区的中学？高中的还是初中的？你的研究问题太宽泛了，看起来就没有凸显的重点，我们可以改为"×校十位高中教师职业幸福感的研究"，或者"×校高中教师职业幸福感的研究——以十位普通教师为例"，这样的研究问题看起来就比之前的具体多了。至于精简性，因为研究问题需要一针见血地指出重点，所以，不重要的部分就不要添加了，例如"某校十位高中教师对自己的工作有什么看法？是否感受到职业带来的幸福"，这个阐述可以直接用"职业幸福感"来代替。如果你正面临开题答辩，那还需要确定一个问题：你如何定义职业幸福感？怎么找这十位教师呢？这些问题也需要在报告中体现出来，毕竟十位教师不是随便找的，而是需要你根据现实情况分类、抽样才能得到。总之，你对研究问题的语言描述既要具体又要精简，既要直接又要有迹可循。

研究的目的与意义

研究目的可以包括研究动机、自己对研究的期望。其中研究动机容易和研究背景混淆。这就不得不说到论文的一个组成部分——前言。在一些篇幅不太长的论文中，需要用一个"前言"来概括研究背景与动机，这就导致很多人以为研究背景和研究动机是同一回事。其实在正规的论文写作中，研究背景是指研究者在研究之前对研究现象和问题所做的客观调查，其中就包括前辈做了哪些研究、目前的认知经验有哪些关键性知识等。但是研究动机就不一样了，它比较偏向主观性的考虑。例如，我为什么会研究这个？这对我有什么好处？这项研究有什么价值或意义？

研究的地点与对象

研究的地点与对象是在研究计划期间就要确定的，不但要确定，还得先了解一下可行不可行，一旦客观条件不允许，即使论文结构、思路多完美，也只能放弃。我之前有个同学对离异家庭儿童的教育很感兴趣，于是在实习所在的学校锁定了几个孩子，打算通过家庭、老师、课堂学习这几个方面研究这几个孩子的心理和学习情况。可写完研究计划之后，现实就给了他重重一击：孩子的家庭不大配合甚至很抵触，所以研究只能结束，完全达不到开题时所期望的目标。

在大部分情况下，研究地点和研究对象的确定会用到抽样的方法。在研究中，抽样的对象不仅可以是人，还可以是时间、地点、事件。所以在研究设计阶段，我们需要确定好以下问题：我想在什么时间、去什么地点、向什么人、对什么事件搜集所需的研究资料？我的研究对象能为我提供什么样的研究资料？之后就是抽样了，在量化研究中常用"随机抽样"的形式确定研究对象，抽样调查的基础数量一般会比较大，例如从全年级中随机抽取某一个班的阅读成绩进行研究。但是在质的研究中往往使用"目的性抽样"，也就是根据质的研究中的某个目的选择关键点进行深入探讨。这个目的一定和研究目的有联系。例如，上面例子中我们通过随机抽样抽取了某一班的阅读成绩，但我们想研究的是学生的小古文阅读理解情况，于是便在这个班级中抽取并收集了学生关于小古文阅读理解题目的回答，以便根据本次考试中小古文阅读理解的答题情况改进接下来的教学，并再次测试进行观察。像这样带有目的性抽取研究对象便是质的研究常常用到的抽样方法。

研究方法的介绍与运用

关于研究方法的种类在后面章节中我们还会详细说明，在这里我们只关注研究方法怎么在研究计划中被描述。很多时候研究者们会使用不止一种研究方法进行研究，多种研究方法都需要介绍。介绍研究方法可能存在这几种形式。

第一种：以不同研究方法为路线分开介绍。

调查法：运用问卷调查法在 ××× 以 ××× 为研究对象展开调查，研究数据使用 SPSS 或其他软件进行分析。

实验法：运用访谈法获得 ×× 资料，访谈对象为……访谈地点是……

第二种：以研究内容为主要思路，将研究方法带入研究内容里进行介绍。

运用问卷调查法得到……数据，再以目标为对象进行抽样访谈，得到……数据，进而得到……结论。

在写论文时，你会选择第一种还是第二种研究方法的描述方式？其中最常用的是第二种，把研究方法、研究思路、研究内容结合起来介绍，将它们合为一个整体。其中重点介绍方法的运用、调查工具的使用和研究对象的选择等。

如果你的研究很明显只使用了一种调查方法（如问卷调查法），在此部分可以只介绍调查怎样进行即可，以《当前科幻文学教育的现状调研与实施建议》为例：

> 本研究采取的调查工具为自编问卷，基于问卷星平台向各学校发放。问卷围绕科幻文学的定义认知、接受状况和教育参与等几个方面设置问题。问卷的编制经过文献整理、纬度拟定、问题编写、试测修改等几个阶段，定稿后采用网络无记名的形式请研究对象填写。

当然，也可以不用另外说明研究方法是什么，直接将研究方法融合进调查对象、调查内容、问卷编制、问卷信效度检验、问卷发放与回收这几个环节。例如《小学五年级数学高阶思维能力调查报告》中对调查法的说明。

1. 调查对象

著名的心理学家让·皮亚杰在儿童认知发展理论中强调，12岁儿童的分类和理解概念的能力都已有了明显的提高，他们能够反向地思考自己看到的事物，并且已经开始具备推理和演绎的能力，这说明该年龄段的儿童在认知能力方面已经逐步趋近完善，小学五年级正是培养高阶思维能力的关键阶段。因此，本调查的对象定位于小学五年级学段的学生。

2.调查内容

本次调查的主要内容为：（1）小学五年级学生在数学高阶思维能力方面的基本现状，包括学生在观察解释能力、推理论证能力、批判性思维、问题解决能力、创造性思维、知识迁移能力六个方面的基本表现；（2）以上六个方面的表现是否存在显著性差异；（3）探索各子能力之间的隐含相关性。

3.问卷编制

我们将数学高阶思维分解为六个子能力，课题组分别就每一个子能力选择最适合的调查工具加以改编。（按照不同能力设计研制试题）。

4.问卷信效度检验

由于本问卷采用的是试题测验方式来观察解释能力和推理论证能力，且沿用了国际上经典的 PISA 测试和瑞文推理测试原试题，此二者的信效度早已通过了检验和证实，因此不再重复检验，只对"批判性思维、问题解决能力、创造性思维、知识迁移能力"的量表工具进行信效度分析。在获取的数据之中，按照随机抽样的方法，从整个数据中抽取 30% 作为信效度检验的样本，借助 SPSS 软件对其进行信效度分析。

5.问卷发放与回收

经过对上述几项的信效度分析，正式问卷共由45道题构成。该问卷通过网络方式向五年级四个班级的学生全员发放，回收问卷××份，回收率为××，其中×份问卷未明确标注班级信息，视为无效问卷，不纳入分析范围，问卷有效率达××。

研究评价与后续检测——信度与效度

说到研究评价，就不得不提到"信度"和"效度"的问题。在前面的案例中我们提到过，要证明这个问卷是否有效、可信，就需要先检测试卷的信度和效度，研究的结果也同样如此。

"信度"主要指结果的可重复性、一致性。比如，你出了一份试题给学生做，得到了一份考试结果，再拿第二份知识点、范围、难度都相同的试题再给学生做，结果发现这一次的得分和排名情况和上一份试卷的完全不同，在这种情况下我们就无法对这个班级的学生成绩进行分析，说明研究的信度出现了问题，学生表现不一致。比较合理的结果应当是学生的成绩排名分布没有受到太大影响。信度出现的问题容易受到"意外"的影响，比如常见的超常发挥、失常发挥。如果在其他量化实验中，用同一个方法对同一个研究对象反复测试，得到的结果总是忽高忽低，没法稳定在一个正常范围内，说明这个测试的信度是很低的。所以在量化研究中，信度的高低总是会受到随机数据的影响，要提高信度，就必须从这些极端数据入手。

在质化研究中，好像很多研究者并不经常讨论信度问题，我也一样。质化研究比较强调研究对象的独特性，即使是同一地点、同一人物、同一时间，不同的研究者去研究得到的结果也有可能是不一样的。比如，我们想研究留守儿童问题，社会学家、教育学家、一线教师、医学研究者都有可能因出发点不同而对这一问题做出不同的描述和解释，同时他们的爱好、价值观念、信仰、性格、年龄、性别、经济地位、家庭背景以及与被研究者的关系都会导致他们对留守儿童问题采取不同的态度和交流方式。正如人不可能两次踏入同一条河流，世界上也无法发生两件完全一样的事。因此尽管在量化研究中格外强调信度问题，但是质化研究的研究者们始终认为事物不可能以完全同样的方式重复发生，在他们心里，质化研究并不需要讨论信度问题。

"效度"其实就是验证研究结论是否真实、准确。效度常常用于实证研究，我们在研究设计阶段要思考一系列问题：我的研究结果真实吗？如果不真实怎么办？这些资料如何支持（或反驳）我的结论？比如说，你想用问卷调查小学五年级学生的计算能力，但是在试题中出现了六年级分数乘除法计算，这时我们得到的调查结果会合理吗？显然是不合理的，这就说明效度比较低，这份试题不能真实地反映出五年级学生的计算能力，只能把这份试题重新设计一遍，转变成效度高的试题，再投入使用，这就是"试测"的过程，试测是一份量表在大规模投入使用之前必须要做的工作，也是排除或修改有误试题的方法之一。

如果做的是质化研究，"效度"问题就不是靠简单的"试测"能解决的了。毕竟质化研究关注的不是客观的得分、计数和统计，而是在社会事实的基础上人们在某一情境中的经验与解释，属于过程性的、探索性的、发生在人与人交际之间的互动研究，这类研究很难用常规的方法检测出效度问题。因此，在设计阶段就应想好出现效度问题怎么办。第一个解决办法，可以在设计阶段就去寻找资料中相互冲突的内容以及结论中的自相矛盾的地方。例如，你想研究"实习教师如何建立课堂秩序"这一问题，搜集到的资料却大部分是教师的教学设计，这说明这项研究就没有基于真实的资料进行，无法反映出实习教师建立课堂秩序的全过程，其效度肯定比较低。第二个解决办法，是在研究设计阶段就确定好需要哪些资料，随时记录、随时检查调整，看是否与预期研究结论存在偏差。

除了信度和效度这些直面研究数据本身的评价，我们在研究设计阶段还需要考虑研究伦理，尽管在很多情况下我们会在论文即将发表前对人名做处理，但这并不意味着论文的道德问题只需要放到研究的后半段进行，对伦理问题的关注应当贯穿我们整个研究过程。例如，在进行研究设计时，我们的访谈、问卷是否会造成他人的抵触心理？如果受到他人抵触应当怎么办？我们在进行研究之前应当向研究对象说明：本研究会对他们的身份信息严格保密以及如何对其做出相应的回报等。

三、画图搭框架

怎样才能在开题报告中将一个好的研究方案表达得更清晰？我在最初接触课题时，总想着多写一点，让答辩老师多了解一些我想表达的内容，但事实证明，如此长篇大论更容易让阅读者产生疲劳，失去看下去的欲望。想更直接表达我们的研究思路，可以尝试用框架图。用一个框架图来表明我们的想法，介绍各个小环节之间的脉络。例如

图 4.1 是我在开题报告中使用过的一个框架图。

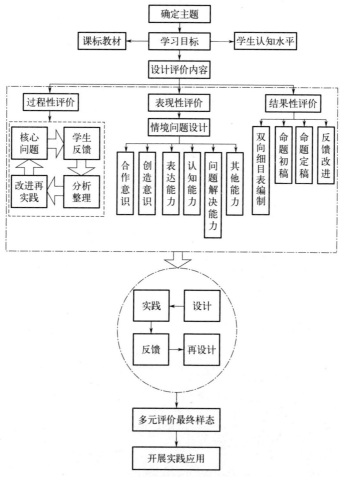

图 4.1　开题报告中使用过的框架图

图 4.1 展示的是论文研究整体的思考路径，有时候我们还可以对其中一个小目标进行整理，用流程图进行补充说明。如图 4.2 所示。

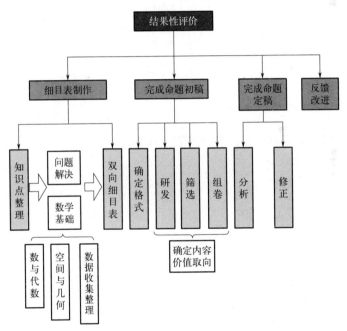

图 4.2　结果性评价的补充说明流程图

除了可在论文的开题报告中使用框架图帮助展示研究思路，平时写学术论文时也可根据论文具体情况绘制框架图，展示研究细节，如图 4.3 所示。

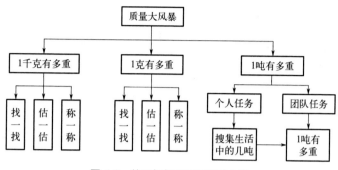

图4.3　使用框架图展示研究细节

四、写到什么地步才可以开题

　　经过了一段时间的文献阅读、选题思考，在导师的指导下我们不断修改，开题报告终于逐渐成形了，但是要写成什么样才能达到开题的标准呢？是字数越多越好吗？还是参考文献越多越好？田洪鋆教授（《你学习那么好，为什么写不好论文》作者）认为：在人文社科领域，毕业论文的开题报告应该要完成整个论文写作的80%才算过关。如果在短时间内无法完成论文80%的内容，那就退而求其次，把基础框架搭起来，人文社科类的开题报告其实就是一篇有框架的毕业论文，后续的工作就是把"肉"填进去，只有做到这种程度才算达到开题的标准。

成功的开题能为你的论文撰写如虎添翼，不考虑实践部分，如果你有一个可顺利推进的时间计划表和舒适的写作环境，那么在开题后一周就可以把论文初稿写完。正式写论文期间可能还会遇到需要进行文献检索、分析的情况，不过今时不同往日，开题之后的文献检索不需要像开题前那样做大量精细化的工作，这期间的文献检索工作只是对论文观点本身的细化和补充。这个时候论文要解决的问题和整体框架应不会再进行修改了。当然，也有一些同学在正式写论文时把要研究问题的指向和整体框架做了改动，这个改动说明之前的开题是不成功的，我们一定要尽量避免这种情况。

五、开题答辩：严格一点，再严格一点

有很多论文都止步于开题答辩。回想起自己的开题答辩，导师专家们一改往日的"和风细雨"纷纷开始严肃起来，这其实是开题答辩的常态，为的就是审查你是否能应对论文研究课题中出现的各类问题，能保证课题顺利完成。所以，开题答辩需要严格一点，再严格一点，只有这样你的研究才不会被研究实践中遇到的各类突发情况打断。

开题答辩中的"枪林弹雨"

开题答辩是开题报告完成前的最后一个阶段，这个阶段会由导师团们提出各种各样的问题，来判断你的研究有没有用？是否能正常开展？开题答辩是导师们对待论文最严格的时候，一旦你的研究有什么"致命伤"，他们一定会竭尽全力帮你把它"扼杀"在摇篮里。

在开题答辩中，导师团的意见一般都会非常犀利，这并不是要为难同学们，而是要提前让同学们知道研究这件事，从来都不是顺顺利利，不经坎坷的。

把自己的研究计划说清楚

就好比在人与人的交往中"真诚"是秒杀一切的必杀技一样，在开题答辩中，"把研究计划说清楚"也是开题答辩中的必杀技。有的同学虽然搜集了大量资料，有丰富的图表堆砌，但是没有把研究计划说清楚依然过不了开题答辩关。如何"说清楚"虽然看起来比较简单，但是在实际答辩过程中能准确无误地阐述自己的研究方案还是有些难度的，尤其是面对"这些研究的价值在哪里？""研究可不可行"这两个问题时，这两个问题是答辩中需阐述的重点，是所有文献述评、图表分析等的服务对象。接下来我们一起看看"如何把研究计划说清楚"，上文有说道，研究计划需要包含以下内容：研究指向的问题、研究的切入点、主要研究内容、研究目标、预期成果、研究工作的时间规划等。

在完成开题报告或者计划书时，还会思考一些"研究可行性"的问题，例如"你的研究是否有充足的资金支持，如没有该怎样解决？""你的研究是否会涉及伦理问题或研究对象的隐私，是否有公开许可？""你的研究在人员安排上是否做了充足准备？""完成这项研究是否需要先经过一些特殊训练？"等。这里，我以一个国内普通专业型硕士研究生（专业型硕士研究生区别于学术型硕士研究生，专业型硕士研究生学制大多为2年，也有部分专业学制为3年，一般对于应用性要求要高于学术性要求，因此在论文的撰写中会比学术型研究生少一些限制。）的学位论文开题报告为例，在撰写完开题计划后，基于我以往的经验，罗列了答辩导师一般会问的几个问题要点。

（1）你的研究领域或主题是什么

这个问题要解释的就是你要研究的是哪一块领域。当然研究领域和研究内容是不一样的，在研究过程中研究内容可能会随着调研过程的展开有所变化，例如聚焦点变化、研究对象和重点的变化等，这些变化是允许存在的，很少有人能沿着自己一开始定下的内容保持不变。但是研究领域或主题必定是你一直坚持的，这将影响到你的导师是否还能继续指导，因此，不到万不得已一般不要改变研究领域。

确定研究领域或主题之前还有一件重要的事情要做：读一读你导师的论文。如果你提前阅读过了导师的论文，又恰好和导师产生了共鸣，那就能和导师有更多共同语言。读导师论文的目的绝对不是哄自己的导师高兴，而是有三个重要的目的。第一，学习如何选题，这对于正处于选题漩涡中的同学有很大帮助。第二，学习怎样写文章，了解导师是怎么建构整篇文章的整体架构的，写论文期间产生了怎样的心路历程等。第三，捡漏！如果你恰好对你导师的某一篇论文产生了兴趣，不妨问问他关于这个领域还有什么值得深入研究的问题，这样不仅能得到"站在巨人肩膀上"的新问题，还能获得原先研究的资料包，一举多得。

在向导师请教的过程中，你就能把研究领域和主题确定下来了。至于研究内容，上面已经说过，需要你在这一领域阅读大量文献，产生共鸣，最后灵光一闪发现问题。

（2）你的研究背景是什么

研究背景可以分为两块内容，一个是研究动机，另一个是目前的研究现状。按照常规的开题计划写法，研究动机可以从一个实际问题出发，比如我在期末复习阶段对刷题这一复习方式产生质疑："刷题方式是适合期末复习的最有效方式吗？""还有更合适的复习方式吗？"以这样的疑问作为研究动机，目的是解决现实中存在的某些问题。

另一个是研究现状，也可以看成是常说的文献综述。我们需要根据自己的研究方向整理出文献向答辩专家们展示：第一，这个领域依靠的是什么理论，一般可以用于指导什么样的实践，并展示出你整理出来的理论思路框架；第二，这个主题，前辈做了哪些研究，比较有代表性的有 ××× 的……××× 的……；第三，本研究着重于这个框架中的什么部分，处于整体的什么位置，和前辈的研究相比有什么相同点和不同点等。

（3）最主要的研究目的或核心研究问题是什么

这个问题解释了为什么你想研究这个主题。可以从以下角度回答这些问题：第一，直接阐述你的研究目标；第二，表达你对这个领域研究的疑惑；第三，设立你想被验证的假设，例如"APOS理论模型也同样适用于小学数学学习阶段"；第四，用一个问题来表述研究的目的，例如"王小刚为什么不上学了？"

（4）这项研究的价值是什么

如果是博士毕业论文，那么你的研究很有可能会对某一领域产生突出贡献，这些贡献会更多地体现在理论或方法论层面，因此需要把研究价值阐述得格外清楚。如果是硕士或本科毕业论文，则只需要对自身或者研究对象的局部领域产生价值或者有一些小的应用即可。例如，这一项研究能提升实习教师对教材的感知，或者能促进学生数学画图的能力等。除了要提及对研究本身的贡献以外，对这项研究的实践价值或专业价值也要作些说明，例如对工业的应用、改革的建议、素养的提高等。

（5）你会如何使用论文研究中涉及的理论、模型或者方法论

首先我们要知道"方法论"和"研究方法"不同，研究方法是指一种具体的研究手段，例如调查研究法、实验研究法等，具体可以回看这一章前半部分所说的研究方法。而方法论则是用于研究、加工数据、思考逻辑的基本原理，属于哲学辩证范畴。

（6）你会如何开展研究

面对这一问题，你的回答要逻辑清晰、文本简明，不要有过多繁杂的赘述。需要准备的关键点有：你会如何从事你的研究？你需要按照什么顺序开展哪些活动？第一个，第二个……分别要用到哪些研究方法？在研究中会遇到什么样的问题？打算怎么处理？在阐述过程中可以用一个流程图展示自己的思考过程，以便让自己的思路更为清晰。

（7）根据这个计划，可能存在哪些困难？你会如何克服

这里的困难和研究中出现的问题不同，是指在进行这项研究过程中可能会遇到的资金、人员变动、实践问题、研究者突发变故以及研究对象的伦理问题等，甚至在少数情况下还指需要为了进行跨领域研究而接受的一些特殊训练。这些困难很少会出现，但是一旦出现就可能会使整个研究直接夭折。所以在决定是否要研究这个主题之前应当在撰写开题报告时就与导师商量，尽可能排除这些困难因素。

给开题报告锦上添花

上述内容都是开题报告中的重要内容，只要按照顺序

说清楚就可以了。如果想让自己的研究计划更容易获得开题许可，不妨再加上论文的正文目录。简单总结一下，开题报告一般需要包括：

（1）报告封面

（2）摘要

（3）表格、图形、插图等附件

（4）正文目录

（5）首字母缩写或缩写词表（如涉及较多外文概念可能需要）

（6）引言

（7）文献综述（依具体情况而定，如果是课题，文献综述部分需要写得详细些，如果是小论文，可以浓缩在一页里）

（8）报告的主体（这部分需要划分成各个章节，包括计划的说明、实践如何开展、从实践中得出的分析等）

（9）结论

（10）附录

（11）参考文献

有了这些，往往会使开题报告看上去非常正式，是一种写作态度的展现，可为报告锦上添花，同时也能为后续论文撰写减少些工作量。当然，还有其他研究者喜欢用板块的思路构建框架，将研究内容分为为什么研究、怎样研究、想得到什么这三大板块。例如，我在前几年申请的一项市级课题，就按照研究所指向的问题、研究的切入点与主要研究内容、研究目标与预期成果再加上研究工作的时间规划及条件这样的四大板块构建了我的开题报告，如下所示。

1．研究所指向的问题

（1）研究的背景

·单元主题教学的盛行，使得传统评价方式亟待补充

·"双减"背景下社会对非终结性评价的需求增强

·多元评价体系在小学数学阶段研究丰富度不高

（2）力图解决的主要问题

·设计适用于单元主题教学的多元评价体系

·探究非终结性评价的实践、影响、设计策略

·学术上丰富小学数学关于多元评价体系、单元主题项目的研究

（3）国内外研究现状

·关于"单元主题项目实践"的研究

·关于"多元评价"的研究

·研究综述

（4）研究的价值与意义

·理论意义上：单元主题视角下多元评价的设计与实践

·实践意义：丰富单元主题项目教学的实践

多元评价促进学生多面发展

2. 研究的切入点与主要研究内容

（1）主要概念界定

·单元主题项目

·多元评价

（2）研究切入点

（3）研究内容

·研究方式

·研究内容

主要内容和步骤如下表所示：

表　研究主要内容和步骤

研究方式	研究内容	
质化研究：共进行四轮	研究主要案例1，初步确定评价模式	确定主题、确定目标
		过程性评价内容的设计、反馈、调整
		表现性评价内容的设计、反馈、调整

续表

研究方式		研究内容
质化研究：共进行四轮	研究主要案例1，初步确定评价模式	结果性评价内容的设计、反馈、调整
		形成初步评价模式
	研究案例2：根据已有评价模式设计并改进评价模式	确定主题、确定目标
		依照模板设计评价内容并实践
		调整评价模式，使其成熟化
	研究案例3：根据评价模式设计并再次改进评价模式	确定主题、确定目标
		依照模式设计评价内容并实践
		调整评价模式，使其进一步成熟化
	研究案例4：确定评价模式最终样态	确定主题、确定目标
		依照模式设计评价内容并实践
		改进后形成评价模式最终样态
应用研究	单元主题项目的评价设计与应用	主题1多元评价设计
		主题2多元评价设计
		主题3多元评价设计
		…

3. 研究目标与预期成果

（1）研究目标

·形成单元主题视角下的多元评价体系

·深化单元主题项目的设计与实践

·丰富学生评价内容，促进学生全面发展

（2）研究预期成果

·形成效度较高的单元主题多元评价模式

·发表关于表现性评价、过程性评价、结果性评价内容设计与实践的论文

·形成项目主题、目标、评价设计一体化的研究报告

（3）研究特色与创新之处（写不清楚可以省略）

·研究"多元"二字的解释

·站在"巨人"的肩膀上

4. 研究工作的时间规划及条件

（1）研究步骤与时间安排，如下表所示

表　研究步骤与时间安排

研究步骤	时间安排
完成第一轮实践	20××.3—20××.5
完成第二轮实践	20××.6—20××.8
完成第三轮实践	20××.9—20××.10
完成第四轮实践	20××.11—20××.12
根据评价模式开展应用	20××.2—20××.3
撰写结题报告	20××.3

（2）研究基础条件与经费预算保障条件

·研究基础条件

·经费预算保障条件

（3）课题组主要成员的分工

请读者们注意，所谓"锦上添花"，也就意味着不是非常必要，对于导师来说，格式的端正抵不过语言的流畅，语言流畅抵不过主题的有趣。

六、关于开题，导师想看到什么？

开题报告是论文写作的重中之重，很多同学可能会说：既然开题报告这么重要，那我就尽可能把要写得全写出来。这里不建议大家这样做，因为你的开题报告还没有在专家们犀利的点评中顺利存活下来，还没有得到正式的研究许可，万一出了问题，就要全部回炉重造，到时怎么办？在开题报告中呈现的内容，一定要是导师想要看到的内容。那么导师究竟想看到什么？想听你说什么？你需要做好哪些准备呢？总的来说，你得清楚你在论文中想解决的问题是什么？标题是什么？研究思路是什么？大纲如何呈现？

你有问题意识吗?

什么是问题意识? 研究的问题意识是论文的主心骨,是你在论文写作时,全程都要围绕阐述的东西。很多同学在写作时不清楚问题意识是什么,总是一味埋头苦写,这样写到最后只会南辕北辙、白费工夫。比如有一位同学的论文题目是《某年级学生数学符号意识的实践研究》,导师问要研究什么问题? 答曰数学符号意识。问研究数学符号意识的什么? 答曰研究数学符号意识如何体现。问体现在哪里? 答曰数学符号意识如何在图形与几何学习上体现。上面的回答中哪一个有问题意识? 都没有! 导师遇见这样的学生会头疼,那么到底什么才是有问题意识的回答呢?

举例说明,比如我要研究"家庭作业的合理化布置",将研究内容细化后,我们可能会研究到"家庭作业的设计"这个内容。而"家庭作业所占时长不能超过 1 小时,否则会造成负面影响"是你在整个研究中贯穿的结论,是对"家庭作业怎样设计"这个问题的解答,也就是"为什么要去设计家庭作业呢? "那是因为"家庭作业的时间过长会影响学习效率",这个原因就是我们关于"家庭作业的合理化布置"研究中的问题意识。此时这个"不产生负面影响"或者说"能更有效地学习"的这个结果就是我们研究最后需要呈现的内容，也就是我们设计作业、分析作业要最终达到的目的。这就好比作为一个商人，脑子里想的一定是"怎样让这些产品大卖"，而不是"怎样设计让包装最好看"，好看的包装不是目的，也不是做生意的问题意识，"让产品大卖"才是问题意识。

举了这么多例子，再回过头来总结一下，问题意识其实就是研究最终要走向的目的地。所以下次在面对导师的提问："你的研究问题是什么？"的时候，读者们就会回答了吧。

标题 VS 问题

在开题报告答辩时，最常见的现象是答非所问，即老师想听到的和学生实际回答的完全不是一回事，尤其是当老师问"你的研究问题是什么？"时，很多同学会直接把自己的论文标题读上一遍，而实际上"研究问题"和"论文标题"并不是一回事。"研究问题"其实就是上面所说的"问题意识"的描述，论文标题则是用比较学术化的语言描述你的研究。

我们以《APOS 理论在小学数学概念教学中的实践研究》为例来说明。标题就是我们看到的《APOS 理论在小学数学概念教学中的实践研究》，而研究问题则是：
① APOS 理论被证实在 ×× 背景下的教学中产生了良好的
教学效果；②小学生的数学概念学得很困难，这也是数学
教学上一个难点，改进数学概念的教学有助于学生数学概
念的学习；③在目前的小学数学课堂中，APOS 理论已经
有过实践，并被认为是适合概念教学的。

发现了吗？对于一篇论文来说，研究标题是向读者说
明"研究什么"，研究问题则是要向读者强调"为什么研
究"。所以当导师问你研究问题时，千万不要再傻乎乎地
读一遍论文标题了。

思路 VS 目录

当你被提问：你的研究思路是什么？或者你是怎么研
究这个问题的？你会怎么回答呢？

让我来猜测一下你的回答方式。

A：我的第一部分是文献检索……第二部分是研究计
划说明……第三部分是时间调查……第四部分是研究
结论……

B：我先从文献检索出发，发现……于是提出……问题，
要解决这个问题需要用……方法进行……探索，最后预设

的结论是……能得到的成果是……

你是选择说法 A 还是说法 B 呢？选择 A 的同学估计要把你的导师气得七窍生烟了，这个是思路吗？并不是，这个只能称为目录，或者说大纲。B 选项就是思路了，但这也只是我举的一个例子，关于论文思路的表达方式有很多种，读者可以根据自己的论文内容和论文类型去阐述。答辩时导师之所以会问这个问题，一方面是要看你对自己研究内容的掌握程度；另一方面是要看你对研究内容可行性的把握程度。这里有一个小技巧：如果答辩时导师们持续地向你提问研究中出现的小细节，你一定要抓住这个机会完整表达自己的想法，这种提问方式代表导师们还是认可你的选题报告的。但如果你不幸地在开题答辩中有了不好的表现，比如只顾着低头读目录、对于导师的提问回答得驴唇不对马嘴，或者导师在你说完思路之后提了很多建议，且没有给你开口解释的机会，这时候千万不要想着辩解，就老老实实地听从建议回去改吧。

思路和目录看似不同，但如果你的目录逻辑清楚，导师还是能从目录中发现研究思路的，你可以先说研究思路，再用目录进行补充。

| 第五章 |

论文写作：像讲故事一样做研究

接下来就要开始写论文主体了，论文主体的写作要依据自己的研究方法，有的论文内容是通过辩证讨论出来的，有的论文需要依靠实践、调查、实验等方法一步一步磨出来。不管是什么类型的论文，论文主体的写作都需要一个长期过程。

一、边写边学，写着写着就会了

"怎么办？我不会写论文啊？论文要怎么写啊？"一开始写论文时很多同学都会发出这样的感叹，然后开始去询问旁人，或者去网上报论文写作技巧课，这些努力看似都是为写论文服务，但实际上对于写作能力的提升用处却并不大，想要学会写论文只有一个方法，那就是：写！不管会不会，直接写就是了，在论文写作的过程中自然会有思考上的变化，这些变化既会帮你完善论文写作的思路，也会帮你修正挑选文献的角度。如果实在不会写，也不愿写，那就去上一节论文写作课吧，至少先把笔动起来。

我为什么写不好论文？

很多人都觉得奇怪：我在校期间学习成绩很好，为什么还是写不好论文？我们仔细想想，衡量一个学生学习成绩好不好靠的是什么？考试成绩！考试考的又是什么呢？自然是课本上学的知识，这些知识在布鲁姆认知领域金字塔的层次处于识记、理解、运用，最多到分析。而论文的创作则需要达到布鲁姆认知领域金字塔的创造与评价层次，这就需要论文的写作者对知识的理解，不能只停留在表面，需要进行更深层次的思考，比如创新、批判等。所以说学习成绩好并不代表论文也写得好，学习成绩好只能表示你的基础知识比较扎实，对于写论文来说只是完成了第一步。

学习好但是写不好论文这件事是很正常的，写论文是一种需要学习的能力，这也是我们继续读研、读博需要训练的能力之一。很多同学会认为自己写不好论文，不具备科研的能力，也并不适合读博士搞研究。其实不必这么急着给自己下定论，写论文的能力是可以慢慢培养出来的。

还有些人认为：不打算读研究生，就不需要学习论文写作！非也！正如上面所提到的布鲁姆的认知领域金字塔，论文写作能力属于最高级别认知层次的能力，是一种表达思维轨迹的能力。不可否认那些文章写得好的人大多具备这些能力。即使你不继续读研究生，而是选择参加工作，靠论文写作获得的发现问题的能力、分析问题的能力、评估能力、创造创新能力、质疑能力等，也能帮助你在工作岗位上站稳脚跟。所以，不管是为了继续学习深造还是在职场上拼搏，都拿起笔，写吧！

写着写着就会了

除了面临写作难的问题，很多同学还会面临基础不好的问题。比如跨专业考研，或者跟了一个和自己研究方向不同的导师。我还记得读研期间，小组里有一个从汉语言文学跨考到课程与教学论的同学，在研一开学时导师就布置了论文任务，可一年过去了他才写了一小部分，导师一问，他才答自己是跨专业考进来的，过去一年都在努力补习专业知识，论文还不知从何入手。虽然我的这位同学很努力，但我并不建议跨专业读研的同学像这位同学一样花整整一年的时间阅读课程与教学论的专业著作来作为专业知识的补充。首先读研的时间非常宝贵，第一年就需要出成果了，博士生甚至第一年就要确定好论文方向并开始撰写了，如果这时候还特地留出一大段时间阅读专业书就会导致后期论文撰写的时间不够。其次，"理论基础不好"并不仅仅存在于跨专业的同学身上，其实大部分同学都会存在该领域基础知识不扎实的问题，除非你从本科起到研究生都是跟着同一个导师，否则即使专业相同，在研究方向不同时，也需去恶补这一方向的相关知识。比如说，你是汉语言文学专业的，跨专业读了语文学科教学专业的研究生，虽然专业都跟汉语有关，但是一个侧重汉语言专业本身，另一个侧重教育类专业知识，所以，还是得把教育学的基础知识补起来，但补专业知识又很耽误时间。

那么不补专业基础知识，怎么写论文呢？很简单，比如导师让你去研究项目化学习的实践探索，先别急着去看书，而是带着问题去搜集文献，在看了一些文献后再有重点地去补相关基础知识。发现我们在做什么了吗？没错！文献综述，通过一次又一次的文献综述，我们就能把这个领域目前的研究现状摸清楚，还能知道这个领域的权威专家和他的专著是什么。这样做，你不仅能完成一篇质量不错的文献综述，还能通过资料搜集和阅读理清这个领域的研究脉络，甚至还能加入自己的点评形成一篇论文，这样的学习方法才是一举多得的!

　　大家发现没有,在以往的认知中,我们一般都认为写作文是要先学再写,学完了才能写。所以在很多情况下,大家都会自觉地先去学一些论文的写作技巧,然后再去写论文。这样的方法虽然可行,但是先看、再学、再实践,这样的写作战线实在拉得太长了。更重要的是,很多人会因畏难情绪而止步于论文写作的学习阶段。论文写作这件事一定是实践出真知的,也就是我常说的"边写边学"。

二、研究方法：质化研究和量化研究

　　论文写作离不开研究二字,说到研究就不得不提到研究方法了。就像我导师曾经说的,研究方法找对了,相当于框架就有了;框架有了,基本思考路径就有了,在确定的框架基础上填充文字就会容易很多。这也是为什么很多大学的论文写作指导课又名为"研究方法课",说明重点不在写作的指导上,而在方法的熟练和掌握上。

　　根据不同的方法论,我们将学术研究的方法论范式分为三类:思辨研究、量化研究、质化研究,部分学者认为还有三者结合的混合研究。在方法论的选择上,质化研究和量化研究常常被放在一起比较，这也是研究者们经常使用的两种研究范式。思辨研究的程序化不太明显，很少作为研究生们实践研究的研究范式。因为不同的研究者立场不同，他们对于研究结果的标准和要求也不同。量化研究包括问卷调查法、实验法、内容分析法，这些方法更加喜欢用数据描述现实，展示结论。质化研究包括访谈调查法、民族志、扎根理论，这些方法更喜欢深入研究对象，了解研究对象的周边环境、心理描述，存在较大主观性。质化研究要求研究者既作为研究者，也作为研究对象，还要处理研究过程中可能出现的诸多问题，这无疑是个不小的挑战。但是在社会科学研究领域，质化研究又是必不可少的研究范式。

量化研究：像法医一样去检测

量化研究是研究者常用的研究方式之一，其中特别要强调的是问卷调查法和实验研究法。这两种研究方法常使用在不同领域，问卷调查法常用于社会科学领域中"人对人"的研究，比如我们常见的人口普查、青少年近视程度调查，疫情期间学校里需反馈的众多信息表格也属于问卷调查的范畴。还有很多人想不到的，学生在学校里经常经历的单元或阶段测试时的分发试卷—回收试卷—分析试卷的过程也属于问卷调查法的一种。而实验研究法则更加侧重变量的控制，让物体在某种特定环境中发生一定的变化，常用于"人对物"的研究，例如，医学领域的研究者对某一肿瘤的病理研究；工学领域的研究者对某一材料特性的研究；我们经常接触的学校里常做的化学实验、物理实验、生物实验等。无论是问卷调查法还是实验研究法都属于量化研究。

（1）用问卷调查法研究

问卷调查法的操作流程是制作问卷—发放问卷—回收问卷—分析问卷—形成结论。调查者首先要根据需要了解的项目制作表格，再分发给相关人员填写，写好之后再进行回收分析。倘若问卷调查法是论文的主要研究方法，那么论文的前期准备工作就显得特别重要。我们先要思考这项研究是否真的适合用问卷调查法，如果受众群体是文化程度不高的群体或者年老者、低段学龄儿童等，问卷调查法便不是最适合的研究方法，应当采取其他易于取样的方法进行研究。一旦确定要用问卷调查法，那么就要完成问卷调查法流程的几个关键步骤。

第一步，制作问卷。你如何确定这份问卷能询问到你所需要的信息？问卷的制作首先要罗列出需要研究的内容，再根据自己想研究的项目改写成受访者可理解的话语。制作问卷是一件需要耗费心力的工作，不仅要对研究内容面面俱到，还需要站在受访者的角度编写问题和回答选项。但很多时候，研究者并不具备自主编制问卷的能力，这时不妨直接使用已编制好的问卷去研究，在学术领域流通并在已发表论文中使用过的问卷必定是已被证实有效的问卷表格。使用自制或已被证实有效的问卷表格都可以得到一手数据。我们还可以直接使用已经调查好的数据，研究者只需对数据进行分析就可以了。例如人口普查的数据、某次期末考的各题得分数据等。

第二步，发放与回收问卷。发放问卷一般采用纸质发放或者网络填写，有时候也会邮寄。问卷调查法所需的问卷发放量和回收量很大，所以一般都会产生较多无效问卷。关于问卷的发放和回收，在论文中进行描述时要包含一些确切信息，例如，本研究以……为总体，通过现场发放／网络调查的方式，于××年×月×日在××地点或平台发放并回收问卷××份，其中有效问卷××份，有效率为×%……

使用问卷调查法要尽可能减少录入无效问卷，提高问卷的有效性。不少研究者采用在问卷中"呼应"的方式，前后设置类似的问题，如果受访者没有认真填写，就会导致两题答案不同，此问卷就可以被判定为无效问卷，为后续的数据分析减少隐患。所以，调查问卷的编写实在不是一件容易完成的工作。

第三步，问卷分析。SPSS 是常用的问卷分析软件，在分析之前，我们需要将回收的问卷数据导入 Excel 表格，这项工作比较简单（一般会让刚进入研究团队的新手做这项工作）。在数据分析中，我们需要进行的分析有：①信度或效度分析。这是针对问卷量表进行的分析，如果是自己设计的量表，信效度分析可以告诉我们这份问卷设计得行不行，如果不行只能重新设计。如果沿用了他人比较成熟的量表，就可以省去这一步。②描述性统计分析。包括频率、均值和标准差分析，频率可对基本人口信息进行分析，比如年龄区间、性别等，通常以百分比出现。均值表示调查对象对题目赞同程度的分析，均值大于 3 表示比较赞同。标准差则表示受访者个体差异的情况，标准差越小，说明受访者对题项的看法更趋于一致。③差异性分析。这一步就开始提取样本的关键因素了，是可以用在自变量和因变量之间的分析，比如不同年龄区间的学龄儿童对长度单位的理解程度是否相同，不同性别儿童在家庭中所受到的正面教育的差异等。④相关分析。是研究两个变量之间是否存在显著相关的分析，一般采用皮尔逊相关系数进行此类分析（想进一步了解的读者可以阅读与 SPSS 数据分析相关的书籍）。

第四步，形成结论。根据以上数据分析可直接形成结论，如果需要可提出相应的解决策略。

问卷调查法的程序性很强，操作容易上手，这也是它为什么受到研究者青睐的原因之一。这个调查法最难的部分是问卷的编制，如果研究者还不具备编制问卷的能力，还是建议直接采用已发表的问卷或运用二手资料进行分析研究。

（2）用实验研究法研究

实验研究法是通过一个或多个变量的变化来评估它对一个或多个变量产生的影响。实验的主要目的是建立变量间的因果联系，按照一般的程序，研究者会先提出一种假设，再通过实验进行检验。实验研究法常用于自然科学类的研究，在社会科学领域中也有部分应用，例如心理学研究等。实验研究法包括实验室实验、调查实验和田野实验三种类型。以实验研究为主的研究过程在表述中有其基本逻辑，基本逻辑结构是：研究目标—实验设计—实验变量—实验环境—实验程序—分析方法。

接下来，我们一起看看什么是假设？研究的内容被界定以后就需要建立研究假设了。所谓研究假设，就是根据一定的观察事实和科学知识，对研究的问题提出假定性的看法和说明，说白了，就是我们先预测一下我们的实验会产生什么样的结果。但是这个假设不是随便想的，是我们根据现有的生活经验、理论学习和对事物的观察做出的判断，也就是说我们的假设必须要建立在一定的证据上，这些证据可以相对来说模糊一些、不那么准确。再经历一系列实验后我们得到结论，在大多数情况下结论和我们的假设是吻合的。但我们并不能说研究假设就是研究结论，二者虽然有时候会相同，但是概念、形成、方式却完全不同。正如上面所提到的，研究假设可以建立在原有的生活经验、认知基础上，可以不用太准确，甚至有时候还能有多个研究假设，但是研究结论却需要严格地控制变量，这期间的过程是清晰、准确的。

建立好了假设，接下来就要确定变量和常量了。那什么是变量和常量呢？通常来讲，在自然科学实验中保持不变的量称为常量或定量，比如同一温度、同一时间、同一空间等。人为刻意改变的叫变量，通常来说变量就是我们认为能影响实验结果的那个因素。例如，在比较两种不同教学方法对五年级学生学习成绩影响的研究中，各个班的学习基础就是常量，因为正常来说五年级这一特征对每一个个体都是相同的，它是研究中的不变条件，而不同的教学方法就是变量，它被认为是由人为控制的影响某个班成绩的原因。如果教师需要研究不同教学方法对学习成绩的影响，首先就需要选定平行班，再在平行班中采用不同的教学方法进行教学，然后再通过测量，比较学生的学习成绩。

在实验研究中，接受实验处理的一组研究对象称为实验组，不接受实验处理的一组研究对象称为对照组。除了研究方法外，对照组的其他条件应当和实验组完全一致，这样才能体现出假设的可信度。但是在现实生活中，尤其是社会科学领域，我们很难找到两个外部条件完全一样的研究对象，即使是两个成绩完全相同的学生，他们之前所接受的教学方式和教育环境、家庭经济条件等也都是不同的，因此在社会科学研究上很少采用实验研究法。为了能严格控制变量，研究者更倾向于制造纯粹的实验环境进行自己的操作，最常见的就是实验室实验。如果想了解更多关于实验研究法的操作，不妨搜索一些文献资料或者阅读一些关于实验研究法的专著，相信你会对实验研究有更深入的了解。

质化研究：像侦探一样去推理

相对于量化研究，质化研究更注重辩证和推理。陈向明（《质的研究方法与社会科学研究》作者）认为质化研究需要通过研究者和被研究者之间的互动对事物进行长期、深入、细致地体验，才能对事物的"质"得到一个比较全面的解释性理解。因此在质化研究过程中，研究者同时也是研究对象，要融入研究对象中，因此在研究计划里，质化研究比较适合在原始自然状态下收集材料，且对事物的研究会更加细微。例如教育领域经常用到的行动研究、个案研究其实都属于质化研究。由于学生的发展会受到各种因素的影响，研究者很难控制变量，所以教育领域的研究者会特别喜欢从微观角度观察事件的变化。和量化研究那种比较直接的研究方式不一样，质化研究很难确定用某种研究方式进行研究。以常见的基础教育课题研究为例，在研究过程中，我们需要完成研究对象的确定、研究资料的搜集、研究资料的整理和分析、研究策略的提炼等步骤。

（1）研究对象的确定

量化研究有明确的主客体区别，质化研究则不同，有时候是他人他事，有时候为了更深入地研究事情的真相，需要将自己置于情境中，与研究对象产生必要互动。这种研究在人文社科领域特别流行，例如常见的教育领域问题"如何正确建立数感"，做这项研究需要设置研究目标、确定研究对象、设计教学策略和手段、设计评价方式和内容，最后在评价结果中研究学生的数感建立情况。在这一过程中，教师既是研究者，也是目标设计者，还要身处情境与学生、教材、知识体系产生互动，以便掌握研究的真相。

（2）研究资料的搜集

研究资料要怎么搜集？质化研究和量化研究有很多不同，量化研究在搜集资料时是站在"上帝"视角，而质化研究走的是"见微知著"的路线。访谈是质化研究常用的调查法之一。但是访谈和问卷不同，问卷一般会让被研究者在几个确定、完整的选项中选择一个答案，这个答案肯定是包含这个问题所有可能情况的，例如，想要调查"小学生回家做作业所需时间"，选项中可能会出现"低于30分钟；30分钟~60分钟；60分钟~90分钟；大于90分钟"等内容，这是能包含所有情况的选项。可如果是访谈调查，得到的结果将会是带有更多个人主观色彩的回答，例如，"为什么写作业会花这么多时间？"，得到的回答一般都五花八门。

除了访谈之外，还可以用观察、文献搜索等方式搜集质化研究的资料。当然，得到的资料都是带有主观意识的，比如对同样一节课的评价，在老师眼中是"重难点突出、环节把握到位、体现整体理念"，在孩子家长眼中可能就是"上课有趣、老师讲话好听"等，不同的群体对待同一件事物会有不同的看法。所以经常会有老师说，质化研究就是要在互动中搞清楚问题的原因，质化研究不仅要研究质本身，也要研究和质有关的关联，和其他事物产生的新特质。

（3）研究资料的整理和分析

其实质化研究到了资料整理分析阶段时，就能逐渐接近真相本身了，因为在研究资料的设计和实施阶段就已经逐渐揭露研究者想要的真相了。

这里还可以引申出一个新的名词："行动研究"。所谓行动研究，可以看作边行动、边研究、边改进、边总结。很多设计创造类研究会有一稿到多稿的过程，这样的过程就是行动研究，可以参考图5.1的设计创造类行动研究思路草图。关于行动研究的其他特点，我会放在后面做进一步说明。

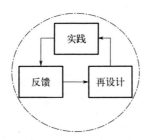

图5.1　设计创造类行动研究思路草图

至于研究策略的提炼，因研究内容的多元化，在此就不再赘述。

混合分析

顾名思义，混合分析的方法其实就是量化研究和质化研究的结合。为了解决一个共同的问题，既需要像法医一样调查，也需要像侦探一样推理，两者结合才能全面认识研究对象的全貌。这种结合可能会存在以量化研究为主、质化研究为辅，或质化研究为主、量化研究为辅的情况。这类研究方式需要研究者既具有量化分析的技术水平，又要有质化研究的分析能力，对研究者的要求很高。

混合分析研究设计可以同时参照量化研究和质化研究的设计，把自己的想法说清楚即可。研究方法一般会包括量化研究方法（问卷调查法、实验法等）和质化研究方法（访谈、观察、分析等）的整合。

研究方法的写作技巧

研究方法无疑是整篇论文中最重要的部分，关于研究方法部分的写作也是论文写作中比较重要的环节，我们会发现很多论文中研究方法的论述会经常出现以下写法。

① 文献检索法

通过文献搜索寻找近十年来小学数学课堂改革的新案例。

② 数据分析法

通过数据分析研究班级学生练习题的正确率，以及某一类型题目与教学方法的相关性。

③ 抽样调查法

为有效反映……，我们对……进行抽样，并调查某一部分学生在……方面的学习情况。为保证样本纯度，我们选择的研究对象为……的学生。

④ 访谈法

在样本中选取……的学生为对象进行访谈，访谈提纲为……

上述研究方法是否似曾相识？不瞒你说，我一开始写论文时也会写成这样，这种写法乍一看还可以，但我们仔细观察，并联系之前所论述的内容，就会提出两个疑问。

第一，研究方法究竟是什么？有的同学在写文章时标注了自己使用"文献检索法"，可我们仔细想想这真的是研究方法吗？文献检索是每篇成熟论文都需要完成的步骤。有的文章可能通篇只写了使用"文献检索法"这样一个方法，那么，这篇论文的作者大概率只在文章中呈现了概念追溯、论文相关领域现有的研究情况以及自己的反思，只能说作者写了一篇文献综述而不是一篇学术论文。再看一下上面提到的"数据分析法"，我们回想一下会发现一般进行数据分析的时候都是在使用 SPSS 等这些统计分析软件，这些软件是为什么服务的？是调查研究，数据分析和访谈都是调查进行过程中不可缺少的一环，因此与这两部分相关的内容，我们可以写在论文的详细解说里，但并不适合像上文一样作为一个研究方法进行陈述。

第二，研究方法应该写在哪里？在一篇论文或者课题申请书中，研究方法往往会放在论文比较开头的位置，与文章研究内容和研究思路结合，力求说清楚论文的整体论述逻辑。但在实际中，我曾经看到过这样的一篇目录：

一、研究背景

1. 力求解决的问题

2. 国内外研究现状

3. 研究意义

二、研究内容

1. 概念界定

2. 研究内容

3. 研究思路

三、研究设计

1. 研究方法

2. 研究实践

四、数据分析

五、研究结论

这里的研究内容和研究思路、研究方法全都被割裂开来，变成先说内容、再说思路、最后说方法，但是我们仔细想想：在介绍论文内容时难道只说明研究对象、研究地点和研究思路，而不介绍"怎样研究"吗？显然，研究内容是绝对绕不开研究方法的，在读者读完研究内容之前，就应当已经知道你要研究什么、你要怎样研究。同理，在阐述研究思路时，也需要有研究方法、研究内容的加持，这样才不会让论文的结构看起来太混乱。

以上这两点是我们平时写论文时经常容易犯的错误。研究方法写好了，论文的方向就能确定，这样即使写到后半部出现些小问题，也可以保证自己写作的大方向不会出错，只需在小环节上稍作修改即可。这便是写好研究方法的重要性，研究方法的确定会让论文有一个良好的开端。介绍研究方法时还需要将研究思路交代清楚，以下面研究课堂小组合作式学习的策略时拟定的研究方法为例：

① 通过课堂参与式观察研究学生的知识掌握程度、小组合作中的表现；

② 通过调查法研究学生在小组合作中的任务分配情况以及小组成员参与度；

③ 在活动设计中以行动研究的思路设计小组活动，并在反馈中总结小组合作学习的优劣和改进方式。

以上研究方法相对比较简短，没有阐述出具体的研究思路，例如课堂参与式观察是要怎么观察？有什么依据？用什么方式来检测学生的知识掌握程度和小组合作表现？调查法是用问卷调查还是访谈调查，分别要问些什么问题？这些事项事无巨细都需要在阐述研究方法时交代清楚。

当然，论文和课题申请书在研究方法的写法上存在一定区别，虽然都是为了学术研究服务，但是论文可以当成一项研究成果，而课题申请书则应当站在预见的角度；一个是过去式，一个是未来式。在写学术论文的研究方法时，可以把研究方法更加细化，直接说明你采用了什么途径完成了什么项目。课题申请书中的研究方法部分可能会出现"我将采用 ×× 方法进行调查，并得出 ××"等字眼。

研究方法的写作看似简单实则很容易出纰漏。在很多情况下我们都会将研究内容、研究思路、研究方法三者放在一起阐述，且三者出现的顺序无固定要求。例如下面的课题申报书《单元主题视角下小学数学多元评价设计与实践研究》中的研究设计说明：

① 研究方法

前期采用质化研究，经历评价模式的四轮实践。分别是初步确定评价模式、改进评价模式、再次改进评价模式、确定最终样态。

后期采用应用研究，将评价模式的最终样态套用到其他单元主题项目实践中，形成项目主题、目标、三类评价设计一体化的研究报告。

② 研究内容

前期的研究内容包括单元主题、项目主题、项目目标、评价设计，为了解评价的信度和效度，需要经历初试、反馈、调整。一共进行四轮实践，最终得出评价模式的最终样态。

后期的研究内容主要是单元主题项目的评价设计与应用，形成项目主题、目标、评价设计一体化的研究报告。

③ 研究思路

研究切入点为围绕单元主题项目的评价设计与实践，其中有过程性评价、表现性评价、结果性评价。研究思路如下图所示。

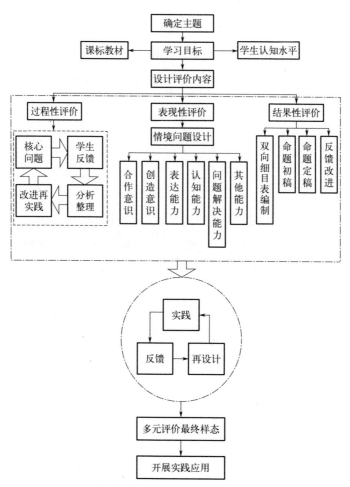

图　单元主题项目的评价设计与实践研究思路

　　表述研究方法的基本流程也就是如此了。不过遇到不同的写作方法也会有不同的表述。最好的学习方法是多阅读其他研究者的文章，尤其是顶级期刊或硕博士论文的研究方法介绍，多看、多学、多写，自然就能下笔如有神。研究方法的规范是一回事，能不能体现出创新是另外一回事，兼具论文规范和创意的研究方法能让读者产生眼前一亮的感觉。那么如何将研究方法融入到研究计划、让整个计划看起来既合理又不失创新呢？这里尤其要注意，所谓创意、创新绝对不是拍拍脑袋就想出来的，一定是在大量阅读文献的基础上通过比较、分析、结合、概括等一系列头脑风暴而产生的"灵光一现"。如果你认为自己的研究方法是前所未有的、填补空白的，那很有可能是你阅读的文献量还不够，可以毫不夸张地说，在社会学领域，你目前能想到的所有概念、方法、发现几乎都已经被前辈研究思考过了，没有搜集到可能是你的信息搜索能力有问题。所以，寻找到一个好的研究方法的最好办法就是读文献！并思考你的研究内容能细化到哪些具体的研究方法？你的论文与你的参考文献会产生怎样的关联？这些方法能否解决你提出来的所有问题？像这样把研究方法和研究问题、研究子问题、文献综述合理地联系在一起，既可以展现论文有大量的文献作为写作背景，又可以展现自己的思考亮点。

三、学术论文各部分的组成

想要知道一篇正规的学术论文有哪些组成部分其实很简单，拿出身边的一篇论文，看看它的小标题就可以大致了解它的各组成部分分别有哪些了。不同的文章类型有不同的组成形式。

但总体来说，一般论文都免不了几个固定部分：摘要、前言、研究设计、研究分析、研究结论。本小节将主要展示讲解普通量化学术论文的几个常规组成部分。

搭好论文的框架

要论述清楚一篇学术论文，必须要按照一定的组织格式进行书写，这个组织格式可以理解为组成一篇论文的几大模块。学术论文章节的布局会因学科不同有所差异，但总体上一般有 4 ~ 7 个章节，这里以分析类的论文为例。分析类论文一般先写好前言（有的地方叫导论），交代好研究背景和意义，然后就是对资料的整体分析，这里可以用 2 ~ 3 个章节进行阐述，最后是资料分析情况得出的结论，如下所示。

第一章：前言或导论

第二章~第五章左右：资料分析

第六章：结论（加入自己的思考）

参考文献与附录

上述几行字可以融合到文献综述中，如果你想写文献综述，或者将你最近阅读的文献专著整理成文章并在组会中分享出来，不妨采用上面的格式。

实证性论文，也就是理工类论文，常见的写作顺序为：提出假设—文献搜索—研究设计—研究实践—得出结论。除了理工类论文，社科类需要通过实践研究得出结论的论文也可以按照这样的格式来写。理工类论文和上面的分析类论文相比多了一个重要的部分：研究设计，也就是我们前文提到的研究方法、研究内容和思路。

第一章：前言或导论

第二章：文献综述

第三章：研究设计（需要交代清楚研究方法、研究内容、研究思路，必要时可加入流程图给自己的文章添彩）

第四章：研究实践（这里的研究实践可以是在调查研究的基础上对结果进行分析，也可以是对实验结果直接进行分析，还可以根据你的实地调研直接写上结果。而

调查、实验和实地调研的进展可以根据文章规定的篇幅决定是否要加入）

第五章：研究结论（注意，这里的结论和上述的结果不同。上面的研究结果是经历了实践之后客观得出的结果，比如在"家庭父母关系与学生学习自信心的相关性"问卷调查中，能得出两者为"正相关"或"负相关"的结果；而这一章的研究结论则是根据这些客观的"分析结果"加入自己的思考和经验得出"家庭父母关系越好，学生学习自信心越高"这样的结论，同时能对学校、家庭教育建设提出建议）

参考文献

附录

以上两种论文格式可以分别代表分析类和实证研究类两类论文，当然，如果你认为其中的某一环节不那么重要，想突出其他环节的重要性，可以适当删减，例如下面的文章布局：

第一章：前言或导论

第二章：研究背景

第三章：研究问题

第四章：资料搜集

第五章：资料分析

第六章：结论

参考文献

附录

总之，任何一篇论文都离不开交代研究背景、提出研究问题、总结研究结论以及经常容易被忽略的参考文献。这些部分抓准了，论文中所需要的"形"就有了。

前言写作的"三步走"

前言篇幅较少，但越少的篇幅其实越难写。好的前言需要用简短的一段话突出研究重点、吸引读者的阅读兴趣、阐述研究的意义，还需要让读者在了解研究的整体内容时不会过分"剧透"研究细节。首先我们可以参照其他研究论文中的前言。

来源1：《"双减"之下校外培训治理：成效、问题及对策》

前言内容：2020年7月以来，为深入贯彻《关于进一步减轻义务教育阶段学生过重作业负担和校外培训负担的意见》（以下简称《意见》）的精神，中华人民共和国教育部行政部门单独或会同相关部委密集发布了近40份配套文件，形成了较为完善的"1+N"制度体系。与此同时，各地相继出台实施意见，全面落实国家层面有关"双减"工作的部署，因地制宜推出了一系列政策措施。一方面，全面压减作业总量和时长，提升学校课后服务水平，大力提升教育教学质量；另一方面，坚持从严治理，全面规范校外培训行为，大大压减了学科类校外培训机构的数量。本研究拟基于相关实证调查，分析"双减"之下校外培训治理所取得的实际成效及其衍生风险，并就如何深化治理和防范风险提出相应对策建议。

来源2：《基于新课标的教科书情境设计：内涵、意义与策略》

前言内容：2022年4月颁布的《义务教育课程方案和课程标准（2022年版）》（以下简称《新课标》）提出了课程目标的核心素养导向、课程内容设计的结构化、注重学科教学实践等基本理念，并在教材编写要求中建议加强情境创设和问题设计，引导学习方式和教学方式的变革，各学科课标也都在教材编写部分重点提出了对学科内容进行情境设计的建议。教科书是落实国家课程标准的重要载体，是连接课程标准与教学实施的桥梁，教科书情境设计的质量直接关系到课程理念的落实和教学目标的达成。那么，究竟什么是教科书情境设计？它对于落实《新课标》的基本理念有何意义？如何通过教科书情境设计来实现《新课标》的要求？这些都是在教科书编写过程中必须重点关注的问题。

来源3：《课堂教学中情感能量的发生、功能与激发》

前言内容：情感，不仅是心理意义上的态度体验，更与社会生态和社会系统的嬗变密切相连。隐藏在对他人的社会承诺背后的情感，是一股影响社会结构形成的力量。"情感唤醒是人际互动这一最终导致中观和宏观水平文化改变基质的导火索。"如在当下的全媒体时代，社交媒体中弥漫的多种社会情绪使"我们"的关系开始断裂，"地位落差感"和"阶层固化"焦虑也引发了诸多恶性的网络群体性事件。再如人们对于某一社会事件的不同看法和情绪表达不仅分出"我们—他们"之间的界线，也在潜移默化地滋生新的社会排斥和身份边界。可见，情感问题不仅仅是个人的内心体验，更是一个深刻反映着社会生态与社会体制的社会问题。在教育学领域，以往有关"情感教育"方面的研究多聚焦培养个人维度的情感体验和情感认知，而忽视了情感对于社会联结力、群体凝聚力以及身份认同感的引发和维持作用。只有将社会维度、历史维度和文化维度共同纳入情感教育的思考范畴，将微妙的体验与宏大的结构加以衔接，"情感教育"才能生发出新的能量和价值。

在以上例子中，我们不难发现，前言短短的一段话与研究计划、研究结论都有紧密联系，甚至还包含了研究意义、研究背景这些内容。我结合自己的写作经历，将前言写作分为"三步走"：画个草图、打个草稿、梳理段落。

首先，画个草图，按照论文的排篇布局，前言必须要说清楚你想干什么、你会怎么做、会得到怎样的结果。也就是先简单说明自己研究的问题，再把研究问题打散开来分成多个子问题，阐述清楚要解决这些子问题需要做哪些工作。然后把具体的做法也简单描绘一下，最后憧憬一下可能会得到的预期结果。下面用图 5.2 表示出简单描绘的草图：

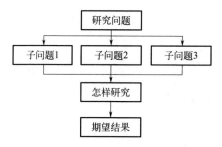

图 5.2　简单描绘的草图

画个草图，再把你需要表达的东西填充进去，一个前言的雏形就有了。这也就是第二步：打个草稿。有些研究者习惯把前言放在论文的最后一步写，这是有一定道理的，毕竟随着研究内容和结论的改动，前言也需要作相应的调整，还不如最后一并写了。但是就我个人而言，还是比较喜欢在写正文之前先"打个草稿"，先把观点框架和预期结果写出来，以防写到后来正文的方向不对或者不知道该写什么了，让"草稿"为论文写作指明大致方向。

"打草稿"的好处不止于此，写在正文前面，可以在我们为了斟词酌句绞尽脑汁之前提前建立好写论文的信心。一开始打个草稿，会更清楚写这篇论文的意义，还能概括出研究问题、研究设计以及创新的独到之处。

最后是"梳理段落"。这个时候论文正文的概括已经写好了，一般来说前言的"最终版"和前面的"草稿版"不会有太大差别，我们在梳理时可以在阐述研究计划的部分加入章节序号，以便读者能快速找到他们想看的部分。这里还要注意一下结论，你的预期结论和实际结论是否一致，前后必须要同步起来，这是一篇论文是否达标的标准之一。

最后总结一下，一篇好的前言需要包含：

① 研究意义

② 研究问题

③ 要解决问题的操作，在哪几章体现

④ 论文的创新独到之处

文献综述：耗费脑细胞的大工程

我有个同门每次在写到文献综述时都会崩溃大哭，他觉得写文献综述的过程实在是太折磨人了！要看很多文献，还要把它们的观点记下来，有时候这些观点还是亟待翻译的外文。更让人难受的是，不是所有看过的文献都能在你的文献综述中占有一席之地，写文献综述是典型的高投入、低回报的项目，可作为学术研究者来说，文献综述是我们不得不面对的痛苦，而且这个痛苦并不是短痛，而是每写一篇论文都要经历的"长痛"！

基于此，很多同学在写文献综述时会不自觉地"投降"，比如你要研究"儿童心理健康与父母夫妻关系"，你可能会先以"儿童心理"和"夫妻关系"为关键词开始搜索，把文章一篇篇下载下来，大概符合要求的文章一数竟然有1000多篇，难道要全部都看吗？这么巨大的工程只能"挑几篇意思一下"了，于是就出现了文献综述观点单一、阅读量不足的缺点。可真要把这上千篇文章一一看过来吗？遇到此类问题的读者可以去翻一翻前面章节提到的"文献怎么读"那一部分。

受制于论文篇幅的要求，普通学术论文里的文献综述不像学位论文和课题报告一样需要长篇大论。但仍需明确几个问题：为什么要写文献综述？论文的哪些内容需要文献综述？我需要从哪些角度进行评论或批判这些文献综述？

首先为什么要写文献综述？最直接的原因是我们的写作方法和思考一直都在借鉴其他人的文章！试想一下，如果你要研究"乡村教育和乡风文明协同发展"主题，如果没看过这个主题的文章，你知道用什么方法研究吗？要得出什么样的结论吗？肯定不知道，所以阅读文献的意义就在于给你提供一个支点，告诉你这项研究还可以这么去做。但是你文章看了不能白看啊，你得对它进行评价，表示这种方法是有效的，我会借鉴一下，否则什么也不说就容易被冠上"抄袭"的罪名。同样的，为了能体现自己的思考，还得对前人的方法进行评论，再结合你找的一个比较创新的角度。这样就相当于告诉读者你有过借鉴、有过思考，还提出了不一样的想法。这就是文献综述的意义了，要博览群书、要针砭时弊、要与时俱进。

那么论文的哪些内容需要文献综述呢？这就直接指向了搜集文献综述用的那些"关键词"，如果把写论文这件事看作搭房子，文献综述就像是打地基，为什么呢？因为你了解到其他人在造房子时都要打地基，打地基的方法是大家公认的盖房子的方法。打完地基之后房子怎么造呢？前人有些是用木头搭的，可以。还有些是用砖头搭的，也可以。有些人搭了三层楼，有些人加了一个车库，还有些人加了一个花园。你根据他们的想法结合自家实际，决定用钢筋混凝土盖房子，还要盖个花园，再做个大阳台。那你还需要去看别人家木头制的房子吗？当然不需要了，你只需要看其他也用钢筋混凝土搭建的房子就可以了。在这里"钢筋混凝土"就是盖房子的核心概念。说回写论文，应该就好理解了，文献的查找要和论文研究本身具有相关性，且与关键词相关的内容需要作文献综述。也就是说，如果你要研究"人教版数学教材"，那就不需要看与学生心理健康发展相关的文章。

确定了要选取的文献之后，你就要开始思考要从哪些角度对其进行评价了，这无疑是最难的一部分。毕竟前面只做了搜集、摘抄的工作，下面则是要你开始思考了，难度直线上升。别急，保持批判的理解才是文献综述的核心。要知道任何研究都有不足之处，假如你正好在阅读文献，你可以尝试着从下面的角度进行评价或批判：

① 你从哪里获取了什么观点，得到什么灵感？

② 有没有存在一些悬而未决的问题？

③ 这几篇文献有什么相同点，又有什么不同点？这些不同点分别指向什么结果？

④ 针对这个问题，作者有提出不同的分析思路吗？

⑤ 文章是否有省略的地方，作者省略了什么？

代入这些问题，你就能比较有条理地从文献中找到需要批判的点了，当然，一开始找不出来也没关系，多试几遍你就能发现自己已经成为那个喜欢批判他们作品的"新学者"了。

参考文献和附录

参考文献的写法和选取的论文有关，在论文写作中我们有必要将参考过的文献（无论是否要引用）展示给读者，但是要避免为了拉长篇幅而加入很多无关的文献。这一步也是很多人容易忽略的部分，其实参考文献的写法也是有讲究的，比如哪篇在前？如果篇幅有限要怎么取舍？不同类型的参考文献（比如期刊论文、会议论文、硕博士论文、报纸文献以及专著等）写法一样吗？

（1）不同类型的参考文献有相应标识，如表 5.1 所示：

表 5.1　不同类型参考文献的标识

参考文献类型	专著	论文集	报纸文章	期刊文章	学位论文	报告	标准	专利	析出文献	其他	数据库	计算机程序	电子公告
文献类型标识	M	C	N	J	D	R	S	P	A	Z	DB	CP	EB

（2）专著、论文集、学位论文、报告类参考文献的写法

一般情况下，专著、论文集、学位论文以及报告的写法都一样，可按照如下格式写：

[序号]作者.文献题名[文献类型标识].出版者，出版年：起止页码.（可选）。

比如引用了《教授为什么没告诉我》这本书的内容，参考文献的格式可以写成：

[1]毕恒达.教授为什么没告诉我[M].北京：法律出版社，2007：（页码）.

如果是引用，后面的页码是需要的，如果只是作为文末的参考文献，则不需要写页码。

（3）期刊类参考文献的写法

期刊是我们最常用的参考文献类型，文献格式是：

[序号]作者.文献题名[J].刊名，年，卷（期）：起止页码.

例如：

[1]卢晓旭，陈昌文，陆静，等.地理课堂教学目标设计水平评价指标体系的构建[J].课程.教材.教法，2018（1）：103-108.

期刊类文献需要关注起止页码的问题，想要快速定位

到这篇文章，就要加入起止页码，这也是很多同学在写文献综述时容易忽略的问题。当然，与参考文献相关最令人头疼的问题是你看了这篇文章却忘记它在哪儿了，如果这篇文章只是起参考作用的那还好，倘若是要"引用"的重量级文章，那简直就是灾难！别说别人了，我自己就曾经因为寻找一句话的出处，花费了大量时间。不过还好，在不断地打击和教训中，我终于学会了边阅读边记录的方法，每一篇我认为有价值的参考文献，都会按自己喜欢的方式进行记录，例如：作者、文献题名、期刊、日期等，当然不需要写成像成文展现的那种标准格式，这样记录后，在最后整理参考文献时就不会因为一个小失误而浪费大量时间了。

（4）电子文献参考的格式

随着网络的普及，电子文献也逐渐出现在论文参考文献的搜集过程中。但是还有很多同学并不认为电子文献是正式文献，因此也并不会将这些文献计入到参考文献中，这就容易触发"抄袭"的危险，尤其是百度百科、谷歌学术等网站上搜索率很高的词条更容易被人发现抄袭。辛辛苦苦写文章、搜集文献，到最后却因为电子文献出处模糊的问题被贴上抄袭的标签，太不划算了！那么电子文献怎么引用呢？可按照下面的格式：

[序号] 作者或责任者 . 文献题名 .[电子文献标识]. 网页链接 / 出处 . 时间 .

电子文献的标识和普通文献不同，主要分为：[J/OL] 网上期刊、[EB/OL] 网上电子公告、[M/CD] 光盘图书、[DB/OL] 网上数据库、[DB/MT] 磁带数据库。

（5）参考文献的简易寻找法

关于怎样搜索文献、怎样写好参考文献的格式这些问题，网络上有很多懒人方法。我在研究生期间也尝试了几种，确实有一些技巧能在很大程度上节省我们的时间。比如在阅读文献时只记录作者和文献题名，再用"百度学术"进行搜索，就能直接出现参考文献的一整套格式，点击引用即可，这样就不用担心那些像年份、页码等比较容易记错的细节了。但在使用过程中依旧会出现搜索不出来的情况，多为一些会议文章，时间比较久远的文献、专著等，遇到这类情况还是需要自己一个一个搜索。因此这些所谓的偷懒方法只是一个辅助，最后还是得依靠我们自己。

（6）参考文献的排序规则

参考文献的排序是大部分人容易忽略的细节，导师们也是。一般到了参考文献环节，你和导师已经经历了"论文初稿—修改—修改 1 稿—修改 2 稿—……—修改最终稿"的过程，能平安度过这一过程已经谢天谢地了，至于参考文献，属于小问题。在交稿之前还有一个校正格式的环节，这个环节是不能忽略的，我们可在此环节梳理参考文献的排序。

第一种是最常见的，按照首字母顺序进行排列；第二种是顺序编码，也就是按照论文中引用文献出现的先后顺序进行参考文献编码编号[1][2][3]……；第三种是先按照"专著—硕博士论文—期刊论文"的顺序分类，在每个分类内再按照首字母顺序进行排列。

四、中期检查：已完成的和未完成的

有些学校可能没有论文中期检查这一环节，但是会提示写论文的关键节点。在这里说明一下，很多学校的中期检查其实就是导师将学生组织起来检查论文进度的一次会议。也许读者会疑惑：为什么要把中期检查放在本书的这个位置？这个章节是讲怎么写论文的，跟中期检查有关吗？有关！读者可以回忆一下读者写完论文初稿的时间，大部分人都是在论文写作的中间时段完成初稿，所以在这个时间段安排论文进度会议是很合理的。导师们可以根据初稿提修改建议，后续你也有足够的时间对论文进行打磨。

简而言之，中期检查其实就是检查学生们关于论文已完成的部分和未完成的部分。例如"你的研究进行到哪一步了？""是否遇到了困难？这些困难能否解决？解决了以后能否为一个新的研究发现做些填充？"等。

五、不求甚解的心态：写！写！写！

打好了论文写作的相关基础、学好了研究方法以后，就要开始踏踏实实写作了，就像童话中王子和公主在经历了惊心动魄的探险以后终究是要回归平淡的生活。我们可以把思考选题、找文献、梳理研究内容、打理论基础这些都作为探险的过程，探险完成后的写作才是论文写作的主旋律。这个期间你可能会写出一篇绝妙的论文，也可能把论文写得平平无奇，当然还有一部分人写着写着发现了严重的问题，导致论文无法正常完结。

读书的时候数学老师常常跟我们说，遇到难题做个标记先跳过，等把整张卷子写完再回过头来思考。一来可以保证不会拖拉占用过多考试时间，二来等你写完其他题目后也许会突然有了解决难题的灵感，千万不要因为有了困难就待在死胡同里不动了。所以在论文写作中遇到问题时、不知道实验怎么继续时都可以先做个标记放一放，不要在死胡同里打转内耗自己，不妨绕过去继续研究下一步。等回过头再看这些问题，可能会发现当初抓耳挠腮想不出来的事情可能已经有了答案。

所以写作应该一有想法就动笔，一有新的点子就记下来，不要等到分析架构和实验数据都齐全了才开始动手写。

| 第六章 |

▶ 怎样做质的研究？

● ● ● ●

　　为什么要单独介绍质的研究呢？质的研究和量的研究不同，一个研究人、一个研究物。人的研究要明显复杂于物，每个人都存在独特性，质的研究就是在自然情境下对人与社会组成的关系进行研究，且无法像量的研究那样严格控制变量。

　　在前面的章节中我们已经多次提到与质相关的研究，研究社会科学（例如人类学、社会学、教育学、哲学、心理学等专业）的同学们一定知道，质的研究在这些学科领域中占据着十分重要的地位。质的研究指向人，量的研究指向事物本身，两者的研究方法存在一些不同。下面让我们一起具体了解下怎样做质的研究。

一、质的研究设计

与其他研究设计相比,质的研究设计具有鲜明的特点。从我们所做的研究来看,量的研究往往会固定一种方案,在实践过程中很少会对方案进行修改,如果一定要改,那一般都是整体性的大修改。而质的研究是一个不断发展、反复演化的过程,它允许研究者在实践过程中随着情境和事件的变化调整方案、循环实践。因此一般来说质的研究设计很少会一次成型,而是会根据实际情况随时做出调整。但这并不代表研究者可以不用在研究之前进行研究设计和结论设想,相反,研究者更加需要在研究初期对研究整体进行完整、系统的规划,同时也对可能存在的问题和处理策略进行讨论。质的研究设计是一种开放的、灵活的研究设计。

研究设计的主要模式——研究设计的设计

说到质的研究的主要模式,就不得不提到传统的量的研究了。量的研究的研究设计一般都是一条路走到底,每一个步骤都很明确,也可以称为阶梯式研究设计模式,如图 6.1 所示:

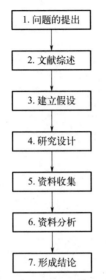

图 6.1　阶梯式研究设计模式

　　质的研究就不大一样，研究者会认为整个研究的各部分不是阶梯式的，而是一个不断循环、不断进化的过程，在这个过程中，研究设计会随着实际情况的变化不断调整，如图 6.2 所示。

　　质的研究在实施过程中很容易受到环境的影响，而这种环境上的影响极有可能使研究结论产生偏差，于是研究设计只能再次回到最初的起点，重新开始。这样一遍遍循环在质的研究中是常见现象。

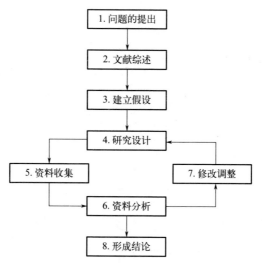

图 6.2　循环式研究设计模式

　　根据质的研究的设计模式，质的研究设计放到开题报告中就需要加入几个特别值得注意的环节，以下目录是市级某开题报告的一部分，供大家参考：

一、导论

二、研究目的

三、文献综述

（一）研究意义与重要性

（二）研究的问题

四、研究方法

（一）研究地点和研究对象

（二）资料收集方法

（三）资料分析

五、对研究对象的保护措施

六、课题时间安排

研究设计的主要步骤——具体打算怎么做

质的研究在设计的具体步骤上和量的研究有相似之处，只不过具体实施起来会有些不同。参考已有的对质的研究设计步骤的归纳，主要有以下步骤：①研究的现象和问题；②研究的目的和意义；③研究的情境；④研究方法；⑤研究结论的评估与反思。这几个步骤都需要在研究初期开始讨论，其中最重要的是研究的现象和问题、研究的目的和意义、研究的情境这几部分。其他部分则依赖于研究过程，可在研究过程中不断补充完善。

从以上步骤可看出质的研究与量的研究的不同，量的研究在设计环节上最重要的是研究问题、研究方法、研究对象。在质的研究中却并不怎么强调研究方法，这是因为研究方法不重要吗？不是的，与之相反，正是因为对质的研究来讲研究方法太重要了，并且在研究中可能会存在多种研究方法共同协作的情况，所以无法在研究设计阶段就直接确定下来，反而需要在研究实施的过程中逐步调整、循环往复。

接下来，我们具体看看质的研究中最重要的几部分内容。首先，如何界定研究的现象与问题。一个研究问题的出现肯定来自研究现象，换句话说研究问题产生于研究领域中的某个现象。人是所有社会关系的总和，研究现象便是研究者希望能了解的人、事物、行为、习惯等所有关系的总和。所以很多人说质的研究就像是一把大伞，在这把大伞下能容纳人、实践、行为、过程等所有一切及其相互之间的关系。

好了，在界定了研究现象以后，我们就可以从研究现象中寻找相应的研究问题了，其实就是在这样一把大伞中寻找一个主要的、具体的、可操作的问题点。这也是大部分研究者很苦恼的地方，也是论文撰写的开端——选题环节。基本上你的研究问题确定了，选题环节也就完成了。如果你真的一个想法也没有，那也不必苦恼，说不定论文题目就快出现在"灯火阑珊处"了。研究的东西太多和太少都不是什么好事情，那么怎样才能找到适合自己的题目呢？在寻找问题之前，不妨想一想：

① 什么样的问题适合质的研究？

② 你研究的问题有意义吗?

第一个问题其实也是呼应了我们现在讨论的质的研究的研究问题。不知道大家有没有思考过,质的研究更加适合用于写作怎样的文章? 第一,可以排除那些人为的需要创设客观条件的实验性研究;第二,可以排除的是证明性研究,比如有研究认为小学生近视率已经达到了 50%,那么你要去证实这个观点就不能使用质的研究方法;第三,还可以排除政策说明类型的文章,比如对《新课标》的解读、新政策的观点分享等。排除了这三个方面,剩下的文章类型就都适合质的研究了吗? 并不是,质的研究往往匹配的是研究学术界尚存疑问的问题,而且研究者确实对这类问题有兴趣。质的研究的目的是对自然现象或社会现象进行解释性说明,需要对自然或社会有一定意义。这个"意义"有两层意思:第一层是对自己有意义,例如一位法学生想研究自己作为一名法务实习生从初步接触法律事务到能独自承接法律案件的过程,这对自己的职业发展和专业成长具有一定意义。第二层是你的研究能够解释社会中某一小部分特殊人群的问题,从这研究结论中发现现实世界的真实情况。比如你想研究某地区留守儿童的家庭教育问题。如果只是简简单单进行量的研究,直接设计一份问卷,进行发放、回收、就能得到数据。将所谓的留守儿童问题用数据表示出来，但能否解决？应该怎样解决、想让大众真实地了解留守儿童现象中存在的问题和故事，就需要用质的研究娓娓道来了。这是对社会、对环境有意义的事情。

当然，在选择问题时，也会出现这个问题对研究者有意义但是对群体的意义并不大的情况。这时建议研究者放弃这个问题，比如，我有一次开题想要研究小学六年级学生如何迎接小升初，着力点是从他们的学习内容、心态、人际关系出发。但是我前往学校搜集数据时却发现这个学校是五四制的，并没有六年级的学生，因此这样的选题自然就成为那种"没有实际意义"的问题了。于是，我就把题目改为了五四制学校里三年级学生如何迎接"加速学习"的这三年，这样一改，这个问题就符合了前面我们提到的两层有"意义"。关于如何选择合适的问题我们还会在后面章节中详细介绍。

其次，研究的目的和意义阐述。这一部分就和量的研究比较相似了，也就是要考虑"我为什么要研究"这个问题。一般来说答案会带有个人目的、实际目的和理论目的。前两个目的会有一定的价值倾斜，理论目的就是比较单纯地要为科学研究事业做贡献，为人类追求真理、认识世界提供有益的探索思路。在讲述毕业论文的研究目的和意义时可以尽可能靠近第三个目的，减少第一个目的的阐述。

如果你写的是企业项目书,那么可以尽量靠近第二个目的。

最后,研究的情境问题。研究情境就是研究时的地点、对象,这对于质的研究来说很重要。如果质的研究中的研究目的、研究问题出了点差错,是可以修正的,但倘若是研究情境中的研究对象出了问题,整个研究可能就要付诸东流了。所以研究的情境一定是研究初期就要确定的事。比如,你想研究某地农村教师课堂常规的现状,那你总得去农村学校里待上一段吧,总需要确定哪些老师作为研究对象吧,总不能等开题报告都写好了,突然发现自己的实践学校还没确定,这不就是"巧妇难为无米之炊"了吗?

在现实中,我们经常遇到的情况是:质的研究的研究情境并不是随着研究问题确定的,而是你的研究问题和背景来源于你所在的研究情境。我们不妨比较一下这两种情况:第一种情况,你从文献查找中发现某地农村学校教师的教学、自身生活、工作产生了一些问题,你想研究自己所在地的农村学校是否也存在这些问题,于是你便想办法联系了你所在地的农村学校,并通过自己或导师的关系联系到几位在职教师,打算将他们作为你的研究对象,约定时间进行访谈。第二种情况,你正好在一个农村学校实习,发现这个学校的教师在日常工作和心理上出现了一些问题,恰好你已经在这个地方待了半年左右，通过查找文献，发现农村学校的教师教学认同感很值得关注，因此你联系了自己的导师请求继续在这里实践，并且联系所在学校的领导、老师，确定了研究对象，最后通过这些情境和文献资料得到了想研究的问题。

这两种研究的路径是完全相反的，一种是从问题到情境，另一种是在情境中寻找问题。按照质的研究的特点，你会选择哪一种？相信很多人已经有了答案，我们会更加趋向于客观条件充足的、研究情境便于确定的研究问题。

现在，我们已经知道了质的研究设计在研究初期需要做的事——确定好研究的现象和问题、研究的目的和意义、研究的情境。那么研究方法是否也要确定呢？当然需要！不过质的研究方法和量的研究方法有较大差异，这部分内容会放在下一节另外说明，至于研究设计的其他部分可以参考本书的第四章。

研究设计的研究方法

质的研究的研究方法多种多样，具体要选什么要看你想要达到什么目的，用目的导向来确定所选择的方法，还可以根据研究具体的子问题、研究的情境、研究的对象等因素来确定。在质的研究的研究初期我们可以进行一些初步的猜测：可能在什么阶段采取什么样的研究方法？可能会出现什么样的意外？遇到意外需要采取哪些措施？这些猜测性的研究方法可以为我们提供一个框架，我们可以在框架中明确研究的各种细节。这有点像现在中小学课堂中的"问题导向学习"或"项目式学习"，只要能解决这个问题、完成这个目标，你就可以选择任何合适的研究方法，研究方法的种类无限制。

在进一步说明研究方法前，我们先来看看完成一项研究需要达成哪些目的吧。第一步，进入研究情境；第二步，获得研究资料；第三步，分析资料；第四步，得到结论；第五步，论文写作。

第一步，进入研究情境，也可以叫作进入田野、进入现场。很多人认为，进入研究情境还不简单？直接过去不就行了。其实不然，我们所说的"进入"，不仅仅是时空上的进入，也是对研究对象生活工作情境的进入，要充分感受被研究者的生活环境，以获得一手资料。正如前面叙述中所说的，要进入一个学校研究教师教学常规和班级文化设置，你就需要与学校、班级取得联系，介绍自己的研究，希望他们能认可你的研究，还需要与被研究者保持一定的关系。倘若上面还有管理者，也需要对管理者进行介绍和说明。

如果是需要用到被研究者的书面或口头资料的，还需要被研究者签署一些参加研究的同意书。在这种情况下，我们就需要事先草拟一份《研究同意书》提供给被研究者，在同意书中需要包含的内容有：本次研究内容的简介；研究者的身份；研究的目的和意义；被研究者的条件与要求；希望被研究者能完成的任务（有些情况下还有相应的报酬）。特别要注意的是，同意书中应特别强调自愿性和保密性，也就是被研究者有权利不参加研究，研究者应当严格对被研究者的姓名、工作、学习、地点和其他社会关系保密。

第二步，获得研究资料的方法。研究资料的收集是质的研究的最主要部分，前期的进入情境、设计研究目的都是为收集资料服务，后期分析资料、得出结论等环节也都是基于此时所收集的资料开展的。质的研究中的"资料"一词比较宽泛，只要这些"资料"可以为你的研究服务，可以用来辅助研究结论的形成，就可以作为资料。比如学生的一幅画、一张照片，这些都可以作为研究资料。研究资料无所谓规范不规范，只要收集的方式得当、能解决研究提出的问题、资料能帮助研究者丰富研究即可。

那么资料的获得有哪些方式呢？常见的有访谈、观察、事物分析、照片、口述，文献搜索等，该如何选择这些方式要看你要解决什么问题。例如，你想研究小学教师的职业幸福感，可以通过访谈获得资料；如果你想研究某位老师的教学风格，可以用观察法研究老师的课堂；如果你想了解学生某一道题的解答情况，以分析学生某一思维能力的发展，可以用事物分析的方法把学生的练习册收集起来。不管选择哪一种研究方法，这种研究方法都要能够解答自己现在提出的问题。

比如，现在要选择访谈法来收集教师关于"职业幸福感"的资料，我们就要确定访谈对本次研究有什么作用，是为了获得具体哪一方面的资料。在访谈开始之前还需要列出访谈的提纲，一般来说访谈的提纲会指向我们最后需要得到的信息，但是由于访谈属于口头表述，所以提纲最好真实、具体、生动、形象，能够引导被访谈者交谈。在访谈提纲中还可以加入一些追问，防止交流变得过于生硬，导致被访谈者不安。同时还需要提前跟被访谈者确定好访谈的时间、地点、人数、次数以及是否打算录音或录像等情况，如果对方不同意录音录像应当采取哪些措施。

同样的，如果选择观察法作为研究方法，也需要在研究中提前说明选择这个方法的理由以及使用这种方法能获得的资料。提前与被研究者商量好要观察的内容、时间、地点，并且也需要有一个观察提纲作为支撑。例如，我们想研究教师课堂的提问技巧，事先就需要把教师提问的核心问题记录下来，观察教师如何提问、学生如何回答、教师又对这样的回答作何反馈。

实物分析的方法也一样，首先需要提前说明为什么要用这个方法，得到的资料会做哪些处理等。

资料的获得是围绕研究目的进行的，那么等研究者发现自己的研究目的已经基本接近饱和了，资料的搜集就可以停止了。

第三步，分析资料的方法。收集完资料后就到了分析资料的环节。想要分析，那就得先整理。资料的整理主要依靠归类法，也就是按照研究的目的将资料用一定的维度进行分类，在分类的过程中你可能会逐渐发现资料还须有二级分类和三级分类。在如此庞大而又复杂的情况下如何将其整理好呢？最好的办法是编码，用不同的编码将不同的资料标记出来。比如大类用 ABC，二级分类用 abc 等。整理资料看起来十分单调，但是研究者在分类过程中可快速重现自己收集资料的过程，对接下来的分析是有帮助的。

资料的分析是在做好编码工作之后进行的。而这些分好类、做好编号的资料随着研究的展开还需要不断地调整，以适应研究的需要。

在分析资料这一环节，研究者可以再一次回顾自己的研究过程，和自己的研究内容展开思维上的互动。在最后的成文中，分析资料的环节是整篇论文的主要环节，它不仅能呈现出你所收集的资料，还能展现出研究者在收集资料、分析资料中进行过的思考。也正因为如此，有些研究者并不认为带有分析资料过程的论文是一篇正规的学术论文。分析资料这一部分也是和量的研究差异化最大的地方，量的研究的成文中呈现出来的往往是：研究方法—展示数据—分析数据，数据并不会占据过多篇幅，并且收集到的资料也不会呈现在论文中。

第四步，得到结论的方法。这一步很简单，在整理和分析资料的过程中，我们已经有了初步的结论，只是在分析资料时结论的主观性并不明显，但是在这一步中，我们可以开始对之前初步得到的结论进行理论建构。质的研究的理论建构常使用扎根理论，这也是十分著名的建构理论方式。它是按照一种自下而上的思路来建构，而且需要通过不断比较来得到理论。比如，"在项目化学习模式下小学数学课堂的教学实践"，我们在研究中假设得到了练习课更加适应项目化学习的模式，并且能通过多个案例比较得到"项目化学习模式中的小学数学练习课"的一般上课流程，这便是在分析资料时所提炼出来的理论性的东西，我们再将这些理论性的东西放到其他练习课中进行验证、调整流程，再得到最后结论。

第五步，论文写作的方法。我们在研究设计时无法确定自己最后成文的方式是什么样的，但是可以在心里有个大致的预设：如果你全部都用文字来表达，那么在收集资料时应当注意好文档分类，并将访谈的资料尽可能早一点写成你需要的文字，以免到后期在堆积成山的资料中望而生怯。如果你需要用到图片、视频等资料，在收集资料时就应当及时做好整理，视频资料如果有必要也可以制作成一个二维码。这些提前做好的事可以极大地帮助我们减少后期的工作。

另外，在思考论文的成文方式时，我们也需要考虑论文的读者是谁？一般来说不外乎：这一领域的专家、同行或同学、被研究者、感兴趣的爱好者以及论文的赞助者。如果读者是某领域的专家，我们则需要在报告中加入研究初期进行的研究综述说明，让文章风格相对严谨一些，以便获得更高的评价。如果面向的是这一领域的爱好者，则文风就可以相对轻松一点，这样既增强了可读性，也容易被他人记住。还有很多做质的研究的研究者，喜欢选择类似于"讲故事"的叙述方式来呈现文章，让读者在有兴趣读下去的同时，还能感受到学术文章带来的冲击力。

二、走向行动研究

在确认质的研究的研究方法之后，接下来应做什么呢？我曾听过很多专家对质的研究接下来的研究方向进行过探讨，很大一部分专家推荐行动研究，强调让被研究者参与其中，将研究的结果用于研究设计和现状的改变。

什么是行动研究？

什么是行动研究？字面上看是边行动边研究，你可以想象一下一个婴儿正在学习走路，他先走了两步，结果摔倒了，于是他爬起来，再走两步，还是不够稳，再调整，继续走，成功了，用刚才成功的方式再走两步，好了，学会走路了。这个浅显易懂的例子能很形象地描述出行动研究的含义，也就是一边行动、一边研究。在受到大家认可的定义中，行动研究的倡导者艾略特认为：行动研究是对社会情境的研究，是从改善社会情境中行动质量的角度来进行研究的一种研究取向。这种研究被运用于社会科学的各个领域，特别是组织研究、社区研究、医护研究和教育研究。

在行动研究中，研究者更像是一个旁观者、建议者，而被研究者则是负责按照计划进行实践的那个人，此时研究者和被研究者的关系十分紧密，研究者和被研究者都需要充分了解本研究的目的和计划，也需要了解研究最后大概需要得到一个怎样的结论。所以，这时候的被研究者也可以被称为"行动研究者"。然而在很多情况下，研究者同时也是行动研究者，这个时候研究者要注意自己身份的转变，研究者作为研究中最客观的存在，需要能敏锐捕捉到行动中产生的问题，属于领导者的位置。而行动研究者（也就是被研究者）则是站在执行者的位置进行实践。

行动研究的步骤与方法

行动研究的步骤与方法在上文的阐述中已经提到过，和量的研究不同，行动研究的步骤呈现出一个螺旋式上升的发展过程，每一个螺旋圈里都包含着研究设计、

研究实践、反思考察、修改调整这四个过程，如图 6.3
所示：

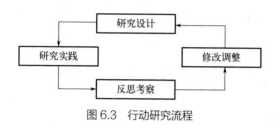

图 6.3　行动研究流程

首先是研究设计过程。研究设计包含研究的整体计划，
也包含每一步骤中的小计划。以优质课为例，教案就是最
初的研究设计。

其次，研究实践过程。按照已有的计划展开实施，但
是在行动过程中也需要有自己的判断，假如既定的计划并
不能解决当下的问题，行动者也可以临时修改一些计划细
节，而且这些细节还需要被记录下来。学校里常见的"试课"
便是一个研究实践的过程。

第三，反思考察过程。首先要对前面的实践过程进行
考察和评估，观察这一过程是否有不完善的地方，尤其是
对照研究计划检查是否存在不相符之处。接着可对这些不
完善之处进行归纳和整理，对现象和原因进行分析与解释，

并提出在下一轮计划中实施的思路。

最后，修改调整过程。在反思考察过程中会形成初步的修改方案，在这一环节可根据上述实践过程的思考重新设计研究计划，形成基本设想、总体计划和下一步的计划。

像这样的四个步骤称为行动研究的一轮行动。作为一个成熟的行动研究，我们需要进行三轮或四轮行动才可能得到我们需要的结果。而行动研究的结果可作为研究的结论来使用。

行动研究的结果如何检验

由此看来，行动研究在理论和方法上都对传统的研究提出了挑战，而它的创新也给研究的评估带来了一定的难度。比如传统意义上的"信度"和"效度"已经无法对行动研究进行评估检验。这也正是行动研究的特别之处，行动研究的设计、实践、反思以及修改调整都是在行动过程中进行，也就是行动与研究是相互渗透、相辅相成的，两者无法分开区别看待。建构理论与认知的过程就是行动的过程，行动同时又能对前文的研究进行检验。行动研究能在行动中让研究者感受到研究中的不正确之处，并能及时在下一轮行动中进行修改，且不断与自己、与被研究者进行交谈。通过这样的交谈，研究者的反思结果可以转化为实践，而实践又可以反过来检验行动中出现的问题。

那么现在，你知道行动研究过程中产生的结果该如何检验了吗？是的，边行动、边研究、边检验。那么应当如何衡量行动研究的质量呢？不妨从以下几个角度考虑：①研究是否解决了目前现实中存在的问题；②研究是否对研究者自身起到某种作用，比如加强某种能力；③研究设计的资料收集方法是否遵循一定的伦理道德，是否能证明是按照一定的分类标准来分析的；④研究是否能提高行动研究者（也就是被研究者）的某种能力、加深他们的某些认知。

以上，我们从行动研究的定义、方法与步骤、结果的检验这几个角度分析了行动研究，那么行动研究具体应该如何实施、如何体现行动与研究相互纠缠、相互辅助的过程？我想这里有必要用一个案例来辅助大家理解。

行动研究的案例说明

在教育领域，行动研究占据了半壁江山，虽然现在"行动研究"这一概念并没有完全流行起来，但几乎所有老师都在做着行动研究这件事。对一节公开课的反复试课是一次行动研究；常规教学后布置作业，批改作业后再次补充教学也是一次行动研究。而且这些行动研究都起到了立竿见影的效果，下面以我本人的文章《以评促学，轻负高质："双减"背景下小学数学结果性评价设计与实践》作为案例详细介绍一下行动研究。

第一步：行动研究的研究设计说明，在这一步中，我从政策、课标、学生三个方面入手进行了研究设计，并对接下来的命题设计做出方向上的指示。

1. 省测引领，评价重构

笔者研究了2018年浙江省小学数学质量监测之数学学科能力的测试卷（以下简称省测）的内容，与传统四年级期末命题卷相比，发现省测命题从内容及命题形式上均与传统命题卷出现较大不同，如下表所示。

表　传统命题与省测命题结构对比

传统命题	省测命题
选择题 计算题 操作题	数学基础（形式：选择题）
应用题	问题解决

从以上对比可发现，传统命题将知识点细化为选择、计算等形式，而省测命题则是将知识点转化为数学基础和问题解决的形式，结构上产生的大变动实则是在给试卷做"减法"，减去各个题型之间可能重复考查的知识点，也简化了学生在做题时的负担感。从命题取向看，传统命题与省测命题主要存在以下不同，如下图所示。

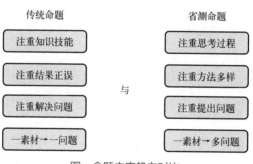

图 命题内容趋向对比

省测命题中基础水平的测试包含数与代数、空间与图形、统计与概率，既注重知识技能的理解与运用，也重视思考过程的体现，例如下题中文具店里的数学问题，这里考查的是学生解决问题的分析能力与理解信息的能力，如下图所示。

文具店里的数学问题。

问：小英买铅笔用了多少元?
解答这个问题需要用到的信息是(　　)。
A. 5支，50元，28.5元，10元
B. 50元，28.5元，10元
C. 5支，50元，28.5元
D. 50元，28.5元

图　文具店里的数学问题

2. 聚焦课标，以评促学

《新课标》（2022版）在对合理设计与实施书面测验的叙述中提到，命题的指导思想要包括有效、全面、基础三个方面。其认为评价结果是反映学生成绩、提高教学实效的推动剂。换句话说，课堂改革、作业改革、评价改革其实都是"一根线上的蚂蚱"，牵一发而动全身，评价的内容与形式能直接影响到教学内容与形式的变革，结果性评价更是如此，即以评促学，用评价来"倒逼"课堂教学的革新。

3. 评价增值，以生为本

教育评价最终指向学生的发展，即评价应当有一定"增值"效果，通过一段时间的学习，研究标准化考试分数的增长、学生学习方法的改进、学习能力的提升、教师教学水平的增长等来评价这次结果性评价的效度。但是怎样的评价设计能更好地给之后的教学改进提供方向呢？那便是暴露学生的原有认知，即从考查知识点对错转向考查学生的思维过程。

往往一场考试结束，学生和家长会更多关注分数怎么样、哪些题做错了，然后针对这一知识点加强练习，这是评价在学生身上体现的第一层次的增值效果：运用错题订正、覆盖未掌握的知识点；教师应当多关注第二层次，即分析学生思维、总结学生能力，合理改进教学方式。例如在引导学生思考"500.00是不是小数？"这一题时，倘若把它放在判断题中，所得到的结果无非是对和错，如果将此题改为"500.00是不是小数？请说明你的理由。"让学生将思维过程展现出来，那么便会得到多种解释，从多种解释中也能发现学生的不同思考方式。

从小数理解这一命题改编中还可发现，"500.00是不是小数"和"500.00是不是小数，请说明你的理由"两个问题的指向性不同，前者为结果指向，后者为过程指向；

前者是以知识点为中心，后者是以"探寻学生内在思维，以生为本改进课堂"为中心。

4. 结果性评价设计总结

基于省测命题走向、课标对书面测验的要求以及以学生为中心这三点，小学数学结果性评价设计思路可按如下流程图开展。

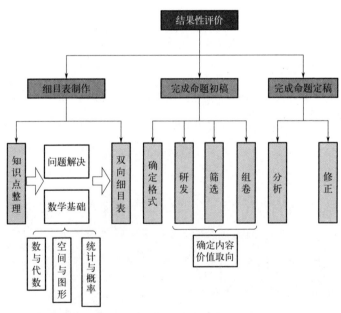

图　结果性评价设计流程

第二步：行动研究的实践。

以宁波某九年一贯制学校四年级上册期末考试试题的结果性评价设计为例,围绕着学生学情和教材内容,借鉴省测命题导向,参考课标要求,同时考虑到本校学生与省测学生起点的差异,将分别从结果性评价设计、评价修正以及评价反馈这几点展开行动研究的实践。

结果性评价的设计

结果性评价的设计(等同于以下所述的"命题")有其一定原则与路径,有不少一线教师在命题时采取了"现成资料 + 部分改编 + 部分原创"的方式,《浙江省中小学学科教学建议》中认为编制试卷包括确定目标、制定双向细目表、选编试题、组配试卷、预测难度、试答试卷、制定评分标准等步骤。不管是《新课标》中提倡的,或是老师们约定俗成的方法,命题的步骤不外乎分类整理、双向细目表、选编试题、修改试题。以王池富老师的能力立意原则、内容聚敛原则以及创新性原则为基础导向,结合现有评价环境差异、学生差异、校本差异,将借鉴用来提取知识点的 CRESE 模式来编制设计试题,即命题的 CCSE 模式。主要包括分类(Classify)、组成(Compose)、选择(Select)和延伸(Extend)四个环节。

1. 分类（Classify）：明确知识分类，对照提取知识点

首先综合分析教材中数与代数、空间与几何、统计与概率等相关知识，结合人教版《数学课程标准（2022）》和相关文献标准，初步界定四年级上册考核内容，知识点整理如下。

......

基于以上知识点以及界定的内容和教学目标，将各部分的考查目标和考查形式的测验细目表进行表征（将数与代数、图形与几何、统计与概率这三个领域的知识点编码为A1、A2、A3，解决问题编码为B），如下表所示。

表 部分双向细目表

双向细目表					
考查内容	考查目标	其他考量			
知识点	按水平排序分为记忆、理解、应用、分析、评价、创造	难度预测	题型	题量	评分细则
A1 口算、笔算除法	理解、应用	0.2	计算	8+6	按题目类型具体讨论
A1 商的性质	理解	0.3	填空	2	
...					
B 租船问题	应用、创造	0.4	应用	1	
B 鸡兔同笼问题	应用	0.5	应用	1	

2.组成（Compose）：包括模仿已有习题和创编新试题，形成"试题库"

根据细目表的制定和以上知识点分配，笔者采用"模仿＋创编"的方式组成试题内容，也就是命题的"试题库"。试题库的特点有：①同一个知识点会有多道不同的试题；②考查内容形式全面、多样、不遗漏；③试题会存在不同题型之间考查目标重复的情况。

3.选择（Select）：依据学习者特征筛选和改良基础性试题

这一环节是在形成"试题库"的基础上依据学生学习水平筛选试题，如此既可以选定某一知识点在试卷上的呈现形式，也可以根据学生情况将测试水平低、区分度低的试题转变为测试水平较高、区分度高的试题，使其难度、区分度、效度和信度都达到一定标准。

经过选择环节，可以初步确定试卷各个知识点的分布总体情况和分值，如下表所示：

表　知识点的分布总体情况和分值

内容	选择			填空			计算与操作			应用			合计
	难	中	易	难	中	易	难	中	易	难	中	易	
A1		2		2	1	4		5					14

续表

内容	选择			填空			计算与操作			应用			合计
	难	中	易	难	中	易	难	中	易	难	中	易	
A2			2		5		4	15	12				38
A2	2				2	1	4	4					13
A2		2			3		3						8
A3		2		2									4
B										5	18		23

4. 延伸（Extend）：细化到略深一层的水平

围绕试题内容的科学性、创新性、可读性、价值观以及试题的思维层次，替换试题中思维层次较低、区分度不高的题。这种替换仅仅是在同一考查目标下的替换。例如将递等式计算中的"$25 \times 32 \times 125$"转换为"$25 \times 320 \times 125$"考查目标依旧是运算定律和四则运算法则的理解运用，比之前的难度系数稍大了一些。因此，本环节要根据学生学习情况，对试题的难度和区分度进行调整。

通过以上四步——分类、组成、选择、延伸，最终形成试卷初稿。初稿在认识层面几乎囊括了本学期认知水平测试中的所有基础知识和技能，但在内涵与效度上无法保证达到教育性和学生发展性的目标。接下来，应以这两点为关键点，开展结果性评价的修正步骤。

第三步：反思考察。按照命题的导向，前面已经有了行动研究的实践内容，也就是第一轮的命题，但是在实践过程中依旧能发现命题中存在的问题。于是需要进行反思考察，局部修改，下面我们以实际案例中的"结果性评价命题修正"为例，来做具体说明。

考虑到课改前沿、课标要求和以生为本，在经过文献搜集、对比、咨询之后，可将设计原则总结为三个：从碎片化到整体命题、从注重命题测试性到注重命题教育性、从解决"是什么"到解决"为什么"。

1. 从碎片化命题到整体命题

碎片化命题强调一题考一个点，整体命题强调一题考多个点。可将解决问题里的中小数计算和小数的性质结合起来考查，例如下题：

学校里 5 位老师带领 100 名学生去郊游，怎样租车最省钱？（大客车限载 45 人，租金 300 元；小客车限载 30 人，租金 220 元）

此题来自"除数是两位数的除法"这一单元中的"解决问题"，考查了学生阅读理解能力和调整法的掌握情况。牵涉面比较小，考查的点比较碎，经过组内讨论和资料搜集，修改如下（见下图）：

> 学校里5位老师计划带领100名学生去郊游。
>
> (1) 如果全坐小客车，需要多少元？
>
> > 大客车限载45人，租金300元
> >
> > 小客车限载30人，租金220元
>
> (2) 想要在850元以内租车，可以怎么租？给出<u>两组答案</u>，并把你的思考过程写下来。
>
> (3) 租车公司将每辆大客车的价格调整为280元，你能提出一个富有挑战性的问题并解答吗？

图　租车问题

上题除了对阅读理解能力、调整法掌握情况和基本计算能力的考查，还考查了学生用多元思维解决问题（第 2 小题）和发现、提出问题的能力（第 3 小题），这些能力并非本学期需要考查的认知能力，却是贯穿学生学习生涯的关键能力。

2. 从注重命题测试性到注重命题教育性

从初期的为了监测和筛选评估，到现在的指向学生发展和改进提升，这期间结果性评价产生了较大变化，命题编写也应当从测试性转变为测试性与教育性并进。

通过画图、列表、列式多种方式，引导学生回顾解决此类问题的原始过程，建立理解问题、解决问题、分析问题、优化方法的基本范式。让学生在解题过程中，不再是机械性地套公式，而是站在多维表征的基石上了解题目内涵。

3. 从解决"是什么"到解决"为什么"

"是什么"是结果指向，"为什么"是过程指向。在很多人眼中，数学是一门解决"是什么"的学科，传统命题考查的是学生的认知能力，根据学生知识技能的掌握情况了解学生认知建构水平，其学习要求体现在认知、理解、掌握、运用等动词上，属于"是什么"类型的题，例如下题：《少儿绘画》7.45 元一本，《太空漫步》5.8 元一本《海洋世界》4.69 元一本，三本书一共要多少钱？

这个题属于比较标准的考查小数加减法应用的试题，评价内容是小数的运算正确性，但评价指向相对较单一。修改后可将此题的结果指向转变为过程指向，如下图所示：

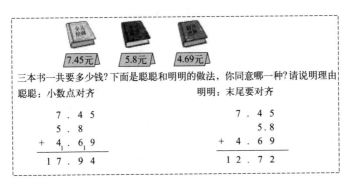

图　小数加减法解决问题

将试题信息以图片形式呈现，将过程以判断的形式表征，同时还要求学生说出"选择的理由"，评价的内容转变为：信息搜集能力、运算能力、小数性质的理解以及文字表达能力。实现了从解决"是什么"到解决"为什么"的转变，丰富了命题内涵。

再比较以下两组习题，如下图所示。

---

1. 两数之差是13.6，如果被减数减少1.6，减数不变，差是(　　)

    A. 13.6   B. 12   C. 15.2

2. 下面四组线段，能围成三角形的是(　　)。

    A. 5cm、5cm、10cm B. 2cm、2cm、5cm

    C. 4cm、6cm、8cm   D. 2cm、10cm、7cm

3. □24÷53的商是一位数，并且没有余数，□里填(　　)。

    A. 2   B. 3   C. 4

A组

---

4. 以下算式中，先算加法的是(　　)。

    A. 25+75÷3   B. (100+62÷2)×4   C. 72÷(10+8)

5. 商店里共有560只橘子，其中每40只装一箱，每两箱放一排，一共可以放几排?想要先算每排放几只橘子，算式应该是(　　)。

    A. 560÷40÷2   B. 560÷(40×2)   C. 560÷40×2

6. 学校共有612名学生，每18人组成一个环保小组，可以组成多少组?以下竖式中"54"所表示的意思是(　　)。

    A. 3组一共有多少人? B. 30组一共有多少人?

    C. 4组一共有多少人? D. 612人可以组成多少小组?

$$\begin{array}{r} 34 \\ 18\overline{)612} \\ 54 \\ \hline 72 \\ 72 \\ \hline 0 \end{array}$$

B组

图　选择题

对比可以发现，A组习题主要考查的是"是什么"的问题，结果指向性强。B组习题考查的是"怎么做""为什么"的问题，过程指向性较强，比如"54表示什么意思"考查了学生对算式中每一步意义的建构理解是否准确。

第四步：修改调整，其实在反思考察中修改调整已经在进行了，但这一步的修改调整其实是将修改后的命题继续投入使用，再次观察学生的情况。在如此多轮的实践中，我们便能得到想要的结果，也就是研究计划中所期待的：从学生反馈中发现学生的惯有思维，然后再将结果整理、分析、反馈到日常教学中，实现评价的增值。

试题的过程指向评价会直接影响结果性评价的着重点。传统命题的反馈常用数据表示，如整体平均分、总分、正确率、得分率等。经过行动研究的试题，为体现学生反馈中的"增值性"，会从学生的解题步骤中分析学生的思考能力，按照考查目标提取学生的思维策略，得出学生在这一题中所使用的数学思维，发现学生学习的盲点，帮助指导后续教学。

学生反馈的增值性可以分为两个层次，一是正误原因分析，直接从学生的回答中分析学生错题的原因，并在后期的教学中对此部分内容进行强化、巩固。二是思维策略提取，从学生回答中发现学生思考问题时常用的思维策略，并将这些策略应用于后期教学。

1. 正误原因分析：试题案例 1（见下图）

1000个人一天能吃5.6千克盐，照这样计算，10个人每天能吃多少千克盐?回答以下问题：

(1) 1000÷10×5.6先算的是 _____

(2) 5.6÷1000×10先算的是 _____

图　试题案例 1

这道题考查的是对数量关系的理解和运算顺序的掌握，将这些答案按照学生的回答再次分类，例如回答"每人每天吃多少千克盐"和"一人一天吃多少千克盐"是运用了同一种思维策略，遇到语句不通顺的答案可对学生进行访谈，以了解其意义。在整理了试题答案后，根据学生思维将回答反馈分类整合，如下表所示。

表　学生回答反馈

作答情况	具体作答分类	原因分析
正确	（1）1000里面有多少个10？\1000人是10人的几倍?	倍数思想
	（2）每个人每天能吃多少千克盐？\一个人一天能吃多少千克盐?	份数思想

续表

作答情况	具体作答分类	原因分析
错误：第 （1）小题	10 里面有多少个 1000？ 1000÷10 10×5.6 10 个人能吃多少千克盐	倍数关系错位 浅层意义 计算顺序错误 搜集信息混乱
错误：第 （2）小题	1 个人能吃多少千克盐 1 千克盐可以给多少人吃 5.6÷1000 1000×10 10 个人每天能吃多少千克盐？	完整度不够 份数理解错位 浅层意义 计算顺序错误 搜集信息混乱

从以上可知，学生的错误原因按程度分可包括信息搜集错误、倍数关系错误、计算顺序错误等。有了这样的分析，教师可通过讲评、教学等方式，让学生的解题思路更完整、清晰、规范。这就达到了增值评价的第一层次：了解错因，查漏补缺。

2.思维策略提取：试题案例2（见下图）

图　试题案例2

这道题有两个问题，主要考查对小数加减法意义的理解。由于题中已有小数点对齐、末尾对齐的分类标准，因此学生回答中出现类似于"小数点要对齐""末尾要对齐"这一类表述一概为无效答案，同时将学生表述不清楚的语句利用访谈法补充完整，将运用相同思维策略的分为一类。例如回答"相同数位要对齐""百分位和百分位对齐、十分位和十分位对齐、个位和个位对齐"这样的表述都运用了同一类思维策略。以下是学生回答分类反馈表，如下表所示。

表　学生回答反馈

问题一学生判断	问题二学生表述	思维策略
同意聪聪的做法	相同数位要对齐 / 数位对齐	意义思维
	5.8 可以写成 5.80	等值思维
	角不能和分相加	生活化思维
	7 元多、5 元多、4 元多加起来肯定超过 12 元	估算思维
	5 表示 5 个 0.01，9 表示 9 个 0.01，而 8 却是 8 个 0.1，不能相加	组成思维
同意明明的做法	整数加法要末尾对齐才能相加	负迁移思维
	把它们都想象成整数来算	整数思维

虽然大部分学生回答正确，但是所运用的思维策略存在多样化，教师在数学概念教学中可尝试着以学生现有思维策略为素材或起点展开实践。

　　以上便是行动研究指导下的论文案例。这篇论文是我某一阶段工作的总结，现在看起来有很多不足之处，例如如何体现行动研究"螺旋式"接近结论的特点？研究中是否能体现资料收集的丰富性和多样性？当然，好的论文一定是"改"出来的，"改"才是论文的法宝，即使当下看不出有什么问题，等过一段时间、积累了一定实践经验后，再回头审视论文自然能发现一些论文的局限性。"写论文"这件事也是一个典型的行动研究。

　　论文进行到这一步算是把资料收集、资料分析环节完成了。无论是量的研究还是质的研究，都已经算把最难啃的骨头啃下来了。接下来还有一些小任务需要修改调整，虽然任务不像前面那么艰巨，但依旧不能掉以轻心。

| 第七章 |

修改格式，确定风格

到了修改格式这一阶段就可以提前庆祝论文、课题即将"上岸"了！但是切记，千万不要小瞧格式。老话说得好：佛要金装，人要衣装。尤其是课题或毕业论文这样的"大家伙"，整洁、正确的格式能给人留下专业的好印象。修改一次文章相当于修剪一次树的枝丫，耗时程度不亚于研究本身。倘若在修改格式的过程中需要对内容进行删删减减，可能会对已经整理好的格式产生影响，需要重新修改，这样一直反反复复修改到交稿。所以修改格式这项工作会发生在研究资料搜集好以后的所有环节。

一、利用好你的格式手册

在毕业论文答辩会上，如何让你的论文给别人留下深刻印象？也许是一个有趣的标题，也许是专业、严谨的格式展现。前者是锦上添花，后者是作为一个专业研究者应该保持的能力和水准，如果你论文的格式前后不一致，甚至看起来有点乱，一般都会被打上"不严谨"的标签，直接影响最后的论文得分。所以接下来我们要讨论的便是如何修改出一篇格式严谨的学术论文。

目录、索引的格式

首先是论文的目录和图索引、表索引。学位论文的目录一般会要求写到二级或三级标题，并且需要提前在论文上进行格式设置。学位论文的目录需要包含以下几个信息：为什么研究、要研究什么、怎样研究、得出什么结论。

索引包括图索引和表索引。很多研究者并不看重图表的索引。如果这些图表是论文中较重要的一部分，就应尽可能在目录加上图表的索引。图表的索引一般会随着章节的序号编排，例如"图 3.1 小学数学数与代数领域知识点分布"表示这是第三章第一个图，后面的图就按照 3.2、3.3……

的顺序排列。

　　也有的格式手册中要求图片追溯到小节名，例如，第三章第二节的第一个图标为图 3.2.1，第二个图标为 3.2.2。当然，一般情况下图表都是作为辅助资料出现，我们只需要追溯到章就可以了。

　　在图表的格式中我们还需要注意标注的方位，一般来说表的索引需要标注在表格上方，图的索引则需要标注在图的下方，具体可见本书中的图表标注情况。

　　总之，无论是目录还是索引，都需要以前后一致、格式标准为基础。现在大部分软件（例如 WPS、Office 等）都具有格式修改功能，因此格式的修改并不是难事。难的是在格式修改过程中同时修改论文内容，我个人比较喜欢将修改格式放在论文写作的最后，这样在修改格式时就相当于再浏览一遍论文。

参考文献

　　参考文献选择哪一些？一般来说，对你的文章有参考或帮助的文献都要放上去，即使你在有的文章里并没有引用一句话或一个方法，但只要这篇文章里的某一句话为你带来了一点启发，也应将其放入参考文献。论文在参考文献的选择上有很多讲究，我们在前文提到过应尽可能选择影响因子比较高的文献，这样的文献权威性比较大，能为你的论文添砖加瓦。

参考文献的格式可以根据既定格式手册手动修改。我更喜欢用最简便的方式：先记下参考文献的标题和作者，再复制到"百度学术"中搜索，最后选择自己需要的格式。这种方法还可以用于外文文献格式的修改。

二、引用与抄袭

引用和抄袭有时候只在一念之间，倘若你引用了他人的某一种想法或观点，却没有在旁边标注作者信息（也就是直接引用），则会被认定为抄袭。而有引用的作者信息但没用自己的话重新转述，也容易沾上抄袭的衣角。最好的方式是将作者的某一个观点用自己的话重新转述一下，再标注出引用的作者信息。

在撰写毕业论文时，我们会进行"查重"，这是论文撰写必不可少的一部分，在毕业论文中承担着十分重要的任务。查重率比较高的文章容易被人认为有抄袭嫌疑。在前几年的娱乐圈有一位以"学霸"人设自称的演员，因陷入学位论文抄袭丑闻被全网抨击，这件事情的发酵也导致了毕业论文审查机制的更加严格。查重主要在查重软件或网站上进行。网络上的查重软件很多，大家也可以根据自己的需要自行选择，这里介绍几种常用的查重软件或网站。

① 知网。这个网站应该是研究者们用得比较多的查重工具，缺点是比较昂贵。毕业生可以在最后一次查重时使用它。

② Paper 系列。例如 PaperCrazy、PaperLike、Paper-Ccb、PaperEra、PaperFree……能免费使用一次，不过查重比知网宽松很多。

③ Freecheck。很多研究者会推荐此网站，它比除了知网以外的查重网站都专业。

④ 学信网万方。应届生可以免费查重一次。

当然，还有很多研究者们喜欢的查重软件没有写上去。总之查重是论文完成之后非常重要的一个环节，最好用多个查重软件都查一遍，多多益善，再根据标注出来的问题对论文进行修改。

查重率超过一定百分比会被认为是"抄袭"，因此很多大学生可能会认为查重比例越低越好，甚至最好趋于 0。我研究生时期有一位本科学弟写了一篇查重率为 0.5% 的论文，导师认为查重率太低要求学弟修改，这位师弟不禁大为震惊：难道查重率不是越低越好吗？当然不是，无论是什么研究都需要站在巨人的肩膀上，借鉴他人的已有研究，在论文写作时引用他人的观点一定是必不可少的，完全没有引用的论文仅仅是自己"拍脑袋"想出来的作品，没有经历"承前"怎么可能"启后"？所以查重率太高容易被认为抄袭，太低则会被怀疑论文没有足够合理的支撑依据，查重率还是要控制在合理的范围比较好。

那么有着适当查重率的论文该怎么写呢？首先，需要引用、借鉴时一定要引用借鉴；其次，引用时千万不可以原文引用，应当将作者的话用自己的语言描述一遍，或者只借鉴作者的研究方法以表示研究思路可行；最后，根据查重率再适当调整下论文的语言文字。

三、写作风格的确定

对于在实验室里进行的研究来说，重要的是实验数据；但对质的研究等人文社科领域来说，写作风格的好坏能直接影响文章可读性的高低。写作风格和语言不仅要体现出写作者的文字水平，还要能从理论的角度对研究对象的现象进行分析和解释说明。

"讲清楚"还是"讲生动"?

如果站在读者的角度，你想看一篇什么样的论文？站在读者的角度，一定有很多人认为论文是枯燥、乏味的，需要有头悬梁锥刺股的决心才能读下去。其实不然，论文的研究方法包括量化、质化。量化研究多使用实验、问卷等数据手段阐述真理，属于"讲清楚"的写作手法。

而质化研究的研究对象和背景介绍往往带着小说般的叙事功能，可读性更高，属于"讲生动"的写作手法。所以论文写作者应按学科为论文定风格，而论文阅读者也应按学科对论文风格进行期待。

"上帝"视角还是"平民"视角?

在研究时，要找准自己的定位，你是作为"上帝视角"来观察事物本身、从细微之处抽丝剥茧，挖掘真相？还是作为"平民"在研究"画卷"中浮沉、困惑、思考？

用"上帝视角"式叙述的大部分研究是量化研究，小到研究某食用菌的最佳成长环境，大到研究某地区离婚率上升的原因，都可以使用这种叙述方式。在质化研究中，写作叙述需要用第三人称来描述的，也可以使用这种叙述方式。例如冯军旗博士（2008）的学位论文《中县干部》

分别在构成、进入、轨迹、摇篮、关系等章节中描绘了中县干部的"发展道路"，此时他以干部身份在中县任职已两年，并与文中的干部们均有互动。那么站在"上帝"视角下，我们在写作时，需要把"我对×××进行了采访"改为"×××在采访中认为"。

"平民"视角的叙述方式会更多向自身和自身互动关系倾斜，在研究中给读者一种极强的代入感。例如，毕恒达教授在一篇论文开头的一句话就奠定了整篇论文的视角是从自身展开的，大意是：

"撰写博士论文的时候，家里的马桶刷得特别干净，原来每天坐在电脑面前，也是可以一个字也写不出来的，于是就猛刷马桶，擦地板……"

虽然全篇没有写出一个"我"字。读者也能看出其实作者就是在描述自身，以平民视角讲述故事，读者自然能和作者共情。

四、所谓瓶颈并不是瓶颈

想要做成一项研究绝非易事，有些人常常一整天坐在电脑前却连一句完整的话都写不出来，久而久之就产生了逃避心理。我称它为"瓶颈期"，我的同学还诙谐地叫它"难产期"。所谓的瓶颈其实并不是瓶颈，是写作者过于追求完美，怕写出来的文字不够好。在写作之前，打败这样的心理其实很简单，"写"就是了。我们总是囿于一个框架、一个访谈、一个数据而止步不前，总是想尽可能尽善尽美。其实写作的过程也是自己对写作、研究的思考过程，在很多情况下，写着写着就有灵感了，就能在"写"的过程中进行自我完善。

所以别急，等你能写出一段话时，一小节、一个章节也会呼之欲出，我喜欢把这种现象称为"瀑布效应"，要么文采枯竭，要么文思泉涌。

第八章

▶ **研究分析与结论：总要有一点不一样的东西**

经历了研究设计和漫长的资料搜集，接下来要做的事情就是把自己关在图书馆里，让自己和自己，和参考文献的作者们，和搜集到的资料对话。

一、分析与思考

量化研究和质化研究在分析上也有所不同，量化研究主要结合数据展开分析，一般都会在研究之前提出一个论点，根据论点开展实验、操作，以检验这个论点是否正确。最后的实践分析也要和研究之前提出的论点和操作数据结合，基本上研究者对实验数据都会有所预见，要么是强关联、要么是无关联。质化研究则站在田野研究的基础上发现、搜集资料，你原先的假设和论点可能会随着现实资料的变化而变化。

我发现了什么？

在对量化研究中获得的数据进行分析时，需要注意几个要点：①你的数据来源可靠吗？②你的分析是否有理有据、说服力强？③资料和分析的主次关系如何？

首先，要判断数据来源是否可靠，就要证明数据的真实、丰富、无干扰。很多情况下我们会使用数据软件生成并处理数据，但数据内部存在的信息却无法靠软件处理表达。假设要判断两个班级数学成绩的好坏，相信很多学校会用计算平均分的方式来比较，比如：

一班的平均分是90，二班的平均分是93。

基于这个比较，我们能证明二班的数学成绩优于一班吗？显然不能，平均分容易受到异常数据的影响产生波动。如果把数据信息改为：

一班平均分是90分，中位分是92分，优秀率为58%；二班的平均分是93分，中位分是94分，优秀率为 65%。

分别将平均分、中位分、优秀率这三个数据进行比较，得出的结论会比单一的平均分这一个数据更为可靠，这时候认为二班的数学成绩优于一班会比之前的数据更有说服力。如果再加入一则信息：这是五年级小数乘除法计算的单元测试卷，还能否证明"二班的数学成绩优于一班"？显然是不能的，数学学习包括数与代数、空间与图形、统计与概率、综合与实践这几个领域，小数乘除法计算仅仅属于"数与代数"领域的"数的计算"板块，仅仅以其中一个内容的检测推测两个班数学成绩的好坏显然是不合理的，应当设计能覆盖小学数学阶段所有知识点的测试题来搜集数据。以上这个案例，充分说明了数据合理、可靠的重要性。

其次，我们的分析是否有理有据？这一思考的前提是搜集的样本没问题、生成的数据也没问题。假如，在研究"学生的学习兴趣为何逐渐降低"时，我们用卡方检验（$p < 0.01$）发现作业量与学习兴趣之间呈显著正相关，由此推测学生学习兴趣降低的原因是作业量增加，显然这样的解释是较为片面的，不能作为分析的主要结

论。在分析时应当将作业量、试题难度、家庭原因、学校老师管理风格等项目与学生学习兴趣都进行比较。我们应该知道：在分析某一问题时选择的资料越丰富，就越接近真相。

在分析中要用客观的语言进行描述，尽可能规避使用带有主观色彩的语言，如果有必要，可以使用分析性概念对现象进行概括。例如，我们想要研究单亲或离异家庭孩子在校园的人际交往情况，提出了以下分析：

在研究中我们发现，单亲家庭、离异家庭的孩子在人际交往中不喜欢与不熟悉的人交流，喜欢一个人待着。

这样的语言是带有研究者主观意识的，我们不妨改为：

我们在研究中发现，单亲家庭、离异家庭的孩子在人际交往中更愿意在课中与他人交流，而在课后融入集体娱乐的次数少于一般同学的平均值。

分析需要基于数据，然后把数据告诉我们的信息解释给读者听。这时我们不妨再思考一下，资料和分析的主次关系是怎样的？是资料跟着分析走，还是分析跟着资料走？有的教授认为，搜集的资料是为研究结论服务的，当我们在搜集信息、处理数据时，就已经形成分析资料的思路，接下来只要按照思路选取你所需要的资料，尽可能避免资料或访谈文本的堆积即可。这也是单纯的叙事文和叙事论文的一个区别，论文强调"论"，资料跟着论点的发展走。

这时要注意，不建议研究资料只依靠访谈获取，如果你的访谈只针对同一类人，那么访谈中所说的话一定是片面、不具有全面性的。如果你的研究资料只是以访谈作为分析资料，那么最好的方式是进行多角度访谈。就像在校园里经常出现的学生间的争执，很多有经验的班主任在了解事实前会询问的人有：涉事人员、目击证人、与涉事人员关系较好的同伴。如果想要更加全面地了解事情的来龙去脉，可以再查一下监控。在访谈中带有情绪的、添油加醋的语言一定不能运用在分析中。资料的选取一定是以分析的论点为依据的。

对量化研究产生的数据进行的分析在写作成文上可以用"一图一思"或"多图多思"的形式呈现，也就是要么一个数据加上一个分析，要么把分析数据都放到文档中，再把自己对每一个数据的思考都写在一起。前一种方法可以让读者明显看到作者的思考过程，逻辑性表现会更强；后一种方法可以显得分析材料更加充分，能更好地支持论点。

扎根理论

扎根理论是由两位学者共同提出的，目的是解决质化研究中搜集资料和分析资料的问题，同时不需要有理论预设。可能很多研究者对于"不需要理论预设"这一特点感到困惑。的确，大部分研究都需要有理论支撑，否则听起来就像是在"说大话"。但是对于社会学或教育学中产生的一些现象，很多研究者无法使用或没有相应能力使用上级概念对其进行理论概括，这时，扎根理论便是一项值得采用的研究方法。如果把常规的研究看作是从一个大的理论依据从上至下高屋建瓴式地研究，那么扎根理论就是从现象出发一直找到支撑它的理论依据，是一个从表面通往根部的过程。图 8.1 是常规研究方法和扎根理论研究方法的比较。

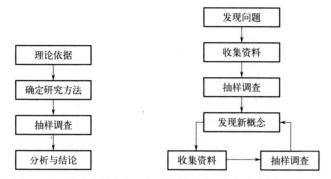

图 8.1　常规研究方法（左图）与扎根理论研究方法（右图）的区别

　　很多研究者把扎根理论作为研究方法的一种，但本书却把扎根理论放在分析与发现这一小节，是因为很多使用过扎根理论的研究者，会觉得相较于研究方法，扎根理论更像是一种分析方法。还有的研究者认为扎根理论更像是一种研究程序，要将整个研究都放在一个固有的程序中进行：在搜集中分析、在分析中搜集。关于扎根理论的分析，也有不少研究者阐述过自己的想法，本书只提到了它和常规研究方法的一些不同。如果想要继续研究扎根理论，不妨关注一下市面上的其他相关书籍。

学术伦理

　　运用质化研究对社会某一领域的现象进行研究时

难免会遇到学术伦理问题，需要将当事人的名字隐去，用其他化名代替，以免对研究对象的生活产生不必要的影响。

研究过程是否会对研究对象的生活产生某种影响？这种影响是有益的还是有害的？在研究过程中，研究者难免要和研究对象产生互动和交流，如果仅仅是做访谈、问卷调查，这种影响可以忽略不计；如果是行动研究，那就需要思考一下研究过程对研究对象带来的影响是有利的还是不利的。例如，"画图对学生数学理解能力提高的策略研究"，这是教育领域比较典型的行动研究案例，研究会给研究对象带来什么？显然是数学理解能力和数学画图能力的提高，这属于有利影响。过去有一些违背人性和道德的实验因为受到群众的反对已被禁止，其中包括贝克斯顿的人体感觉剥夺实验（被研究者被人为阻断视觉、触觉、听觉，并被要求躺在一个被24小时照亮的床上，一段时间后，超过半数的研究对象产生了幻觉，随着时间的推移，研究对象产生幻觉的情况也越来越严重，即使实验结束后，很多研究对象还在继续出现产生幻觉、反应迟钝、注意力涣散、焦虑或恐惧等症状）、"小艾伯特实验"（由美国心理学家约翰·华生所进行的恐惧实验，该实验完成后，实验者并未去除婴儿的条件反射，扭曲了婴儿的心理，被后来的研究者认为违反了学术道德）。

二、结论与展望：研究结束了吗？我还有什么困惑？

这一部分属于论文的结尾，也有的研究者把它称为结语。这一部分可以对全文研究计划、研究过程进行概括，也可以用来解释研究之前提出的论点，还可以陈述整篇论文的不足和特色之处，当然，如果你有新的灵感，也可以在这一环节做出研究展望。

研究结论：研究结束了吗？

研究结束了吗？如何向读者传达这一信息？首先判断你的论文是哪一类型的文章，若是为了验证研究之前提出的论点，可以从原先的论点出发，介绍研究计划、研究过程、分析方法，最后强调结论，至于研究之后的论点和你先前的论点是否吻合，就要具体问题具体分析了。和原有论点吻合，说明假设成立；和原有论点有出入，如在研究中有了新的发现，可以补充。不过尽可能不要出现和原有论点完全相左的情况，这会导致这一项研究看起来是个失

败的研究。如果无法避免研究结果的完全不同，就需要
加入新的研究作为补充论证。

研究展望：我又有什么灵感了？

在撰写毕业论文期间，我总感觉自己的文章写得不太
完美，怕达不到导师的要求。所以总喜欢在结尾部分添上：
研究有哪些不足，后续还想继续什么样的研究，总感觉这
样能给人一种"虽然学术能力不佳，但是研究态度还算端正"
的印象。

| 第九章 |

改改改：论文的"法宝"

● ● ●

　　改改改，论文的法宝。很多研究者喜欢把每一部分、每一环节都力求写完美再进行下一步，这样就会导致在每一个环节都消耗很多心力，其实大可不必这样，写作，不需要尽善尽美，只需要能"完成"就好。那么什么时候再去做尽善尽美的精细化修改呢？当然是在最后的修改环节。

一、改摘要和标题：从简装到精装

　　摘要和标题是读者最先读到的信息，在知网上搜索文章时，我也习惯先去看文章的标题和摘要，如果摘要的信息不符合我的研究内容就会马上跳过。如果摘要的信息和我想阅读的信息有强关联，就点击下载进行深度阅读。

我习惯在完成文章的各部分写作之后再写最终的摘要和标题。刚开始撰写文章时，我会根据最初的想法写上研究背景、研究方法、研究过程、预定的研究结论等，作为摘要雏形，也就是要让读者能看明白这篇文章要写什么。标题的思考过程也是一样，我会先写个大致的标题，可能只是堆砌一些散乱的关键词，或是一些比较学术派的包含研究理论和方法在内的原始语句。总之就是让自己看明白在此部分用什么方法做研究即可。如果把原始的摘要和标题比作"简装"房，那么等文章各部分内容都完成以后对文章摘要和标题的继续修改就像装修，逐渐把摘要和标题变成一套"精装房"。

怎样改摘要

"改"摘要，就是把原始摘要修改为后来的成稿摘要。有很多研究者喜欢在一开始就把文章的摘要写好，再进行下一步，这样相当于把研究方法和研究内容都限制住了，让论文必须按照这个思路写下去。论文写到后面出现研究方法、研究内容的改动在所难免。因此我还是建议大家先写一个"简约版"摘要，等全部论文完成之后再撰写"精细版"。例如，我之前所研究的"非结果性评价设计与应用"课题，论文成稿之前的摘要如下：

　　《新课标》提出，在教学中应当提倡评价形式的多样化，传统性评价主要是以结果性评价为主，评价形式比较单一，笔者主要运用行动研究方法，围绕非结果性评价的研究背景、研究设计、实施过程以及研究策略等，总结出非结果性评价在设计、实施和对评价本身评价这几方面产生的影响。

　　由此可以看出，原始的摘要说明罗列了课题最主要的三个部分——为什么研究？怎么研究？得到了什么成果？正如上面所示，交代研究背景——"《新课标》认为传统评价比较单一"，说明本次研究的主要研究方法——"行动研究"以及要研究的内容——"研究背景、研究设计、实施过程、研究策略"。最后交代想要得到的成果——"非结果性评价在设计、实施和对评价本身的评价这几方面产生的影响"。那么在文章各部分都已经完成了，在不会有过大改动时我会怎样修改摘要呢？如下所示：

　　随着《新课标》（2022 版）的发布，教育评价的思考逐渐渗入教学中，"为什么评""怎样评？""评什么？"这三个问题已成为评价研究的主旋律。传统结果性评价是以检测、甄别作用为主，显然已不足已支撑项目化学习、单元整合课堂的开展。笔者将以项目化学习案例作为材料，围绕非结果性评价的研究背景、研究设计、实施过程以及研究策略等，探讨"非结果性评价"如何展开，从而实现项目化学习形式中评价的转变和丰富，从"学完再评"到"边学边评"。

可以发现，修改后的摘要比原始摘要多了一些内容：①与标题呼应，抓人眼球——"从学完再评到边学边评"，并且我对原先的标题也做了一些修改，用比较浅显易懂的语言代替了生涩难懂的学术性概念，用"学完再评"代替"结果性评价"的作用，用"边学边评"代表"非结果性评价的"意义。同时，摘要中还出现了研究对象的改动——项目化学习形式，原先并没有提到项目化学习，是我在研究过程中发现在项目化学习的模式下能更好地体现非结果性评价的作用，描述起来也更为方便。

通过以上讨论我们不难发现，摘要的撰写是随着文章内容的改动而变化的，唯一不变的就是一定要说清楚"为什么要研究""要怎么研究"和"研究出了什么成果"这几个问题。摘要一般字数控制在150～200字之间，少于这个字数会感觉论文内容不够丰富，多于这个字数会读起来比较啰唆。以上是关于行动式研究、规范式研究摘要的写法，量化研究的摘要写法与之类似。还有一类文章是偏理论研究、政策研究的，例如教育类——《新课标》的解读、教育新政策的分析等，我建议普通研究生尽可能不要写这一类的文章，会很容易出现"读半本书、注一车水"的现象。

摘要是一篇论文的"门面"，既要概括清楚论文的基本脉络，说清楚关键项目，又要尽可能生动、有趣、抓人眼球，还要和标题呼应。我们前面已经讨论过"结语"的写法，同样要对论文主要研究方法、研究结论进行概括，那么结语和摘要究竟有什么不同呢？

① 首先是作用不同。摘要处于标题下方，作用是让读者能快速了解论文主要说了什么；结语位于论文最后，主要作用是提升一下论文的主旨。

② 其次，地位不同。一篇论文可以没有结语，可以把分析和结论作为文章的结尾，但不能没有摘要。倘若一篇论文的摘要和结语差不多，建议去掉结语，只留摘要。

③ 最后，关注点不同。摘要的重点在于为什么要研究，结语的重点是此项研究能带来怎样的启示。

改标题：学术感和趣味感并存

在"选题与方向"的相关小节中我已经分享过怎样让自己的标题看起来既能吸人眼球，让人能产生读下去的欲望；又能不偏离主旨，表现论文的学术感；最好还能满足第三点，能在实践层面或理论层面产生一些价值，能对你所在的领域或实际问题的解决有所帮助，也就是要趣味感和学术感并存。

标题要具备提炼主题、吸引读者、方便检索的功能，有一些标题过于追求有趣，忽略本身的论文要素，会让人感到过于花里胡哨。例如，上面所说的关于教育评价类的论文，如果起名为《从"先学再评"到"边学边评"》，会让人感觉论文没有主旨，缺少学术感，这时我们不妨加入一个副标题：《从"先学再评"到"边学边评"——非结果性评价在小数数学项目化学习中的行动研究》，这样看起来趣味性和学术感就都有了，既能吸引读者眼球，也能让人看出论文主要在研究什么。这里值得注意的是，有时候过于追求标题的完美容易使标题过长。一般来说，标题的长度需要控制在30个字以内，否则会让人产生累赘感。那么标题中需要包含哪些内容呢？和前面说到的摘要一样，标题也有其必含的要素，应包含研究背景、研究对象、研究方法三个部分，同样拿《从"先学再评"到"边学边评"——非结果性评价在小学数学项目化学习中的行动研究》为例，可以发现副标题中的信息可以分为：研究对象（非结果性评价）、研究背景（小学数学项目化学习）、研究方法（行动研究）。

当然，不同类型的论文也有不同类型的标题，例如结论中心标题、问题中心标题、主题中心标题等，无论哪一种类型的标题都要让读者一眼就看到论文的主题。这些分类在前面的章节中都有提到，就不再此赘述了。在这里我们要讨论的是：怎样"改"标题？原始的标题怎么起？怎么用成稿后的标题反映论文撰写的思考角度？

在写论文之前，我们需要知道要研究什么？用什么样的方法研究？原始标题不需要考虑太多表面的要素，只需要简单明了地表示出研究背景、研究方法、研究对象等基本信息即可。例如，想要研究小学毕业班学生作业量情况，原始标题可以表示成"××小学毕业班学生家庭作业情况调查与问题反馈"，也有的研究者喜欢把论文的关键词都写进去，再用简单的介词连接，这类标题是给作者本人看的，为的就是防止出现写着写着就偏题的情况，毕竟"走得远了，容易忘记为什么出发"。到最后成文时，这个标题可以改成什么样？我把上文的原始标题给几位研究生同学看了看，他们在读完我的论文后，分别对"××小学毕业班学生家庭作业情况调查与问题反馈"这一标题作出了修改，具体有以下几种。

（1）《作业为什么做不完？——××小学毕业班学生家庭作业情况的调查研究》

（2）《毕业班作业怎么布置？——以××小学毕业班601班学生为例》

（3）《我不想写作业了！——一位小学毕业班学生日常家庭作业的个案调查》

（4）《这样的数学作业有意思——基于××小学毕业班学生家庭作业情况的调查思考》

以上几种标题能反映出撰写论文的不同思考角度，比如第一种标题着重向读者传达了这篇论文是一篇"调查研究"。第二种标题强调了"怎么布置"，容易让读者想到用行动研究的方式解决"怎样布置作业"这一问题，最后得到的成果应当是有实践价值的作业布置方案或手册。第三种标题看起来特别醒目，用学生的口吻描述了一个发人深省的问题，让读者能了解到此篇论文是通过调查发现问题并在行动中解决了这一问题。第四种标题则和上面三种都不相同，上面三种标题的预设是基于作业布置的方式出现问题，有了问题再去研究问题，而第四种标题表达的是在梳理好的作业布置方式时发现了一个比较有特点的案例，这个标题的思考角度是为读者呈现一种布置作业的好方法，与前几种有较大不同。

我们再来看看第一个和第三个标题：

《作业为什么做不完？——××小学毕业班学生家庭作业情况的调查研究》

《我不想写作业了！——一位小学毕业班学生日常家庭作业的个案调查》

同样是调查研究，有什么不同？很明显，前者属于量化研究中的问卷调查研究，研究对象为某小学毕业班所有学生，需要涉及问卷的设计、发放、统计、分析。而后者属于质化研究中的个案调查范畴，可能会用到访谈法、文献搜索、课堂观察法等多种研究方法，因此这个时候可以用"个案调查"进行概括，研究对象仅仅是针对一个学生，而这样的学生又属于比较有普遍性的群体，通过研究一个学生映射到一群学生。

两者有什么不同？在我看来，这两个题目要解决的问题都是一样的，那便是作业量太多、写不完、不想写。如果当成课题或者毕业论文开展研究，可以把量化和质化两种研究方法结合起来，量化研究展开面广，可以研究普遍性问题；质化研究切入口小，适合深入研究问题的根源。当然，后续的问题自然而然就引入到了"怎样的作业比较有意思？"和"应该设计怎样的作业"。写到这里，我们可就能发现上面这四个标题的特别之处了，切入角度不同，但理论思路相同，甚至可以给它们排排序变成论文的一部分。

二、虚心接受，积极修改

首先恭喜你，到了修改的环节了，你的论文完成度应该比较高了，但不要高兴得太早，接下来你还得跟自己的导师讨论、寻求他的意见，还要在组会中跟师弟、师妹们分享想法、收集大家的看法。

听导师的话

不知道大家在写完论文之后是什么样的心情？当我写完本科毕业论文的一瞬间，感觉如释重负，仿佛完成了一件人生大事，完成任务的轻松感大于写好文章的自豪感和成就感，于是匆匆忙忙发给导师看，结果导师回复过来一个醒目的问题：检查过了吗？导师本应审查论文的结构、研究方法的运用、研究分析的关联等问题，结果却被我一堆格式、语病问题打得措手不及，估计十分无奈。我赶忙又将论文细细读了一遍，发现存在诸多错别字、语病、格式混乱问题。等差不多看过三四遍时，我对这篇论文的看法就已经和原来完全不同了，原本被我当成烫手山芋的论文现在是越看越喜欢、越看越有成就感，仿佛是新手妈妈看着自己"创造"出来的小孩一样，越看越自豪，并不断地夸自己：我可真厉害，能写出这样一篇优秀的论文。

等你对论文的珍视程度达到巅峰时，你就可以把它提交给导师看了。导师是你论文的第一负责人，所以等你写完后要第一时间给导师审查。在给导师看你的论文之前，首先要保证论文的逻辑、格式、语言等都没问题，过导师这一关之前应先过自己这一关。大部分高校的研究生导师事务繁多，为了能从导师处获得更多有操作性的建议，可以做以下几步。

第一步，带着问题咨询。前面已经说过，在找导师审查论文之前需要先过自己这一关，自己觉得满意了再去寻求导师的建议，导师能比你看到更多问题和不足。我们在研究过程中难免会遇到一些难以解决的问题，这些问题可能在写完论文后依然悬而未决，也可能用迂回的方式得到了暂时解决，你要尽可能将自己在研究过程或写作过程中比较头疼的环节整理清楚，一起发给导师过目。你还可以说说通过自己某方面的努力为论文做了怎样的改进。毕竟大部分导师在审查论文时是站在读者或评委的角度，回答的是"论文好不好"这个问题，一旦你提出了疑问，导师就会开始帮你思考"论文怎么写会变好"这个问题，有助于你搜集想要的信息。

第二步，预约导师面谈。随着交流沟通方式的多样，我们和导师交流的途径也丰富了起来，电话、短信、邮件、微信等都可以进行交流，但是电子交流毕竟有局限性，它缺少了两人面对面的过程，属于比较单一的交流方式。很有可能导师因为临时有事比较忙碌，匆匆看一眼就给了你回复。总之，在没有特殊情况时，应尽可能采取面谈的形式与导师沟通，在疫情期间也有不少研究生因政策原因不能回校与导师交流，那么采用视频谈话的方式也比信息交流要好。如果你没有任何会面阻碍，预约导师面谈的方法无疑是最有效的，先确定导师的时间，再打印两份稿件，并在论文的章节旁边简单写上一些你的写作思考，在有问题的地方标注清楚自己的困惑。

第三步，就是简单阐述自己的想法。一般来说毕业论文会比较冗长，与其让导师自己看，不如直接向导师阐述一遍论文中你认为最精华的部分。不需要用 PPT 等演示工具，只需要对照论文整理即可。

第四步，先接受，再思考。导师的建议一定要先接受，在论文送审和答辩之前导师给的建议一定是帮助你完善论文的，但是导师的每一个建议都要落实到位吗？并不见得，倘若你觉得导师的建议与你的能力和论文的现状相差较大，可以先暂时放弃，或先按照导师的意思实施，如果出现困难了再和导师详细说明你的情况。

成为会"蹭热度"的论文

什么？论文居然也要"蹭热度"！没错，热度有了，流量就有了，论文也是一样，需要有"热度"的加持，例如当今教育领域的热搜词是"新课标"，那么我们在写论文时最好加入"新课标"的元素。

如果你的论文不是以扎根理论为主要研究路径，一般都会有一个理论预设贯穿论文始终作为研究基石，同时还会有研究方法和研究对象的调整。那么怎样让自己的文章恰到好处地"蹭热度""升流量"呢？我们可以对论文的理论基石、研究方法和研究问题做一些修改，让它们尽量向热搜词靠拢。就以"怎样布置家庭作业"这个选题方向为例。

① 新方法与旧思想。尽管新版课标已经出炉，但这并不代表原有课标已无参考价值，相反，课标作为实践教学的指导思想一般不会有过大改动，只是随着教育的发展更新部分内容，课标往往需要走在现有教学的前面，我们可以运用新出现的热搜词去完成新旧内容的迭代，例如用"跨

学科主题项目""关键能力""智能教育创新"等与时俱进的词来研究家庭作业的布置。

②新思想与老方法。其实没有严格意义上的"新思想",不过是为"老方法"找到了新的应用途径。例如 Solo 分类理论,它将教学评价分成几个水平:前结构水平、单点结构水平、多点结构水平、关联结构水平、拓展抽象水平,以这些水平的研究进行的家庭作业设计就是一种思想上的创新。

③新问题与旧方法。如果理论基础和研究方法都比较多,不妨在研究的问题角度上进行创新,例如通过研究"不爱做数学作业"来进行问卷调查或个案调查,或者通过"我喜欢做作业"这样的标题来研究怎样的作业比较受学生欢迎。

第十章

▶报告与分享

● ● ●

　　如果说论文的撰写过程是作者和自己思想的对话，那么写报告就是把自己的想法和观点和他人分享的过程。报告不仅需要让大家迅速捕捉到你在说什么，更需要关注发言时的表情、神态，以吸引观众聆听。当然，有时候可能还得辩上几句，这也是学术研究最常见的讨论形式——头脑风暴。

一、论文报告是一场心理战

　　有多少研究者在行文上妙笔生花，但在报告与交流上总是说不明白自己的想法，也就是内心想法大于表达能力，这类人常常自称为"社恐"。这大概可以归咎于从小到大对纸面测试的重视程度要远远大于对表达能力的关注程度。我过去也是一个"社恐"，深耕笔下文章，口头表达却总是词穷。刚开始做口头汇报时也只顾着低头读稿子，不会想到脱稿、自信大胆地表达自己的想法，更别说和听众互动了。

口头汇报的能力可能要从演讲练起，如果你有幸在大学报了演讲辩论类社团，那么长期练习后会有很大改善。如若不然，像我这样报了一个师范专业（师范专业中，模拟上课是必备环节，模拟上课期间需要自然地把教学过程讲出来，并且还要带有"表演"的成分）也能提升表达能力。如果两者都没有，那么研究生期间的组会、课程汇报以及学位论文的各类答辩便是锻炼表达能力的最佳途径了。

组会报告

组会一般都以导师门下的研究生（有时候还包括本科生）组成，组会报告是在研究生阶段重要性仅次于上课的环节，而这一周一次的组会也彻底治好了我的拖延症。

每个研究生都要准备组会报告，那么组会报告需要包含哪些内容呢？这些内容如何表达？如何准备呢？首先要确定的是：组会，是导师用来了解你近段时间在科研上所做努力的直接途径，应当把准备重点放在说明"我做了什么？""有什么困惑？"而不是想办法如何"渡过这关"上，不认真准备组会报告会让你错失很多锻炼的机会。组会报告的内容，大致可以分为以下几类。

第一类，汇报自己的研究进度。如果正处于学位论文阶段（一般为期一年，有的研究生甚至从刚入学就开始思考了），不妨把组会当成论文头脑风暴的场地。

如果你刚好在选题阶段，需要阅读大量文献确定研究方向和大致的研究题目，组会对你的意义就是表达这段时间对选题的思考，并且在头脑风暴中发现几个选题的优劣（有些组会会要求上台汇报，汇报者汇报结束后由其余同学进行评论），汇报者可以将选题阶段思考的内容制作成表格（如表 10.1 所示），其中包含选题方向、选题关键词、题目制定、已有研究情况、优缺点等。

表 10.1　选题阶段思考内容

选题方向	选题关键词	题目制定	已有研究情况	优缺点

　　如果到了开题阶段，选题基本已经确定了，要做的便是将这个选题的研究背景、已有研究综述、相关文献检索、论文板块设计（或目录）都确定下来，尽可能让组会成员看到这篇论文的大致雏形。如果处在论文研究过程中，可以在以上研究背景等基础上向组会成员介绍研究实验、数据分析、分析结论以及存在的问题。在这个阶段，我认为应多进行一些研究问题的汇报。在一项正在进行的研究项目里，每一个步骤都可能出现问题和困惑，单靠自己解决实在费心费力，不妨放到组会里听听大家的意见，会对论文的完成起到推动作用。我们还可以在组会中进行结题报告的预汇报，之所以是"预"汇报，是因为还有最终的正式汇报，组会里的汇报可作为一次演习、彩排，以便及时发现问题、完善结题内容。还可以在组会报告中公开自己的工作计划，让组会成员监督自己完成。

　　第二类，汇报文献阅读情况。研究生期间会有一段没有课题任务的时间，这段时间的组会可以汇报文献、专著的阅读情况。为了使文献阅读更加有效，可以把每一篇有价值的文献按照研究背景、期刊信息、研究内容、研究方法、研究优点（创新点）等记录下来，可以把下面的表10.2作为模板：

表 10.2　文献阅读记录表

题目	期刊信息	研究背景	研究内容	研究方法	研究结论	创新点	不足点

　　很多研究者在阅读文献时不会思考文献的"不足点"，其实有意识地找"不足点"会更容易促使自己深入地阅读。正如导师所说，论文都是改出来的，每一篇论文都会有不足之处，找到论文的优点和不足点就可以"择其善者而从之，择其不善者而改之"。

　　第三类，汇报小论文成果。除了学位论文，我们还会在日常科研中发表小论文，小论文的成果，也可以和大家分享。

结题报告

　　前面章节有提到关于开题报告和中期报告的写法，这里就不再赘述，直接跳到结题报告。结题报告也可以看成是一次高规格组会，平时在组会中锻炼的口才、思维、仪态、心态等就可以派上用场了。结题报告一般有较为标准的流程，每个学校、专业对于结题报告的流程要求都不同，这里以我所在的教育类专业为例，结题报告包括自主陈述 15 分钟，答辩 3 分钟。

（1）自主陈述。自主陈述阶段就是将论文撰写的思路说一遍，包括研究背景、研究现状、研究方法、研究假设、研究设计、分析与思考、研究结论等。大多数学生会借助 PPT 进行报告阐述，结题报告中的 PPT 应当包含以下几个方面：

① 封面。封面应尽可能加入自己学校的校徽，并写上标题。PPT 风格应简洁、明了。

② 目录。注意，这里的目录和论文的不同，结题报告 PPT 上的目录只需写明一级标题即可。

③ 第一章：研究背景。研究背景要说明为什么研究，需要指出目前存在的问题以及研究后能解决的问题，建议用数据、图表来阐述现状，无需太多文字。

④ 第二章：研究现状。交代清楚目前这个领域有哪些成果，分别从什么角度研究、解决了什么问题，起到了什么作用。很多研究者喜欢在这一环节直接堆砌文献里搜集到的资料，看起来比较乱。为解决这个问题，我们不妨按文献里研究的问题或切入点对文献进行分类，例如，在小学数学评价研究上，现有的研究者分别从评价的设计、评价的应用、评价的反馈进行了研

究，主要代表作有××的文章《×××》用××方法解决××问题。

⑤ 第三章：研究思路。研究思路应当是研究设计的一个环节，但在结题报告中最好用单独的流程图进行说明。

⑥ 第四章：研究设计。要根据研究思路进行设计，这里的设计应当是研究思路的细化，要有具体可落实、可操作的步骤。例如，对家校问题的研究，研究思路上要说明研究方法有问卷调查、访谈调查……并将如何设计问卷和如何访谈都表述清楚。

⑦ 第五章：研究分析。研究分析是研究报告里最重要的一块，也是最花时间的一块内容，它体现了研究者的思考路径和逻辑分析过程。如果是调查研究，这一步就可以展示数据、分析数据了，在分析数据的同时要说明这一组数据蕴含的信息。如果是质化研究，就需要从第一轮研究开始介绍研究成果和产生的思考，阐述的顺序和论文的撰写顺序应一致。

⑧ 第六章：研究结论。这部分内容要注意简洁、明了、有大局观。

⑨ 第七章：研究创新与不足。如果这时候自主陈述的时间已不多，可将此部分省略。

⑩ 结尾：致谢与感谢。

以上是针对需要用 PPT 阐述结题报告的情况，也有很多学校不要求准备 PPT，只让学生拿着自己的论文介绍，这时我们假设心里有份 PPT 就行。

（2）答辩。答辩环节也是令很多学生害怕的环节。答辩的结果怎样，一方面要看论文的质量，一般来说论文质量较好，答辩的成果就会不错；另一方面也得看专家的处事风格是否严厉。当然，要想在论文答辩中顺利过关，论文质量的好坏才是关键。

做得好不如说得好

这可不是让你什么都不干，只会说就行。而是要你在完成整篇论文之后要再想办法把它重新包装一下，以求在报告中更引人入胜。一个优秀的报告七分靠内容，三分靠演讲。

二、论文"结束"了吗？

答辩顺利通过以后，为了庆祝这段"如梦如幻"的时光，很多研究生们都准备给自己放个大假。正如我五年前通过论文答辩后，在结果出来的第二天，就踏上了前往大西北的火车，准备给这段时间的努力、纠结、兴奋、痛苦画上一个完美的句号。不过在五年后的今天，我并不认可自己当时的做法。

那么毕业之后，论文还有用吗？当然有用，毕业只是学校生活的结束，同时也是社会生活的开始，你的毕业论文就是你大学生活的缩影。也有一部分同学，把毕业论文作为研究路上的垫脚石，把论文作为今后持续研究的基础，将论文的价值发挥到最大。

答辩之后

答辩结束之后可千万不要完全放松，我们还需要对论文进行一些修改，确认无误后再交由学校上传至网络，这篇论文将会陪伴你终身。那么答辩之后还需要做哪些事情呢？

首先，提交一些必要的表格、必要的签名。答辩期间一般会有一份答辩记录需要填写，这是上交给学校存档的，同时还有各式各样的表格、PPT 需要上交。这段时间需要注意学校发布的各种信息。

其次，论文的再次修改。这是这一阶段最重要的工作，根据答辩时专家团的建议，尽可能地修改好论文。

第三，准备"二次答辩"。二次答辩是指论文在第一次答辩中出现较大纰漏，需要采取二次修改、二次答辩的方式通过论文，例如出现了研究方法的错误、数据分析方法的错误等需要大范围修改的内容。参与二次答辩无疑是痛苦的，他人的狂欢和自身的落寞将形成鲜明对比。为了避免参加"二次答辩"，在第一次答辩中一定要作好充足的准备。

最后，检查格式，再次提交。

"可持续"写论文

正如前面说到的，我的毕业论文被我拿来继续做研究了，并衍生出了十余篇论文，其中不乏省、市、区级获奖论文。

在工作期间，我还尝试做了个名为《小学数学"微项目"学习的设计与实践研究》的课题。与此同时，我还借着"项目化"刚刚兴起的"东风"相继写了《单元主题项目促进学生度量意识形成的教学实践——以质量大风暴主题项目的"1吨有多重"为例》《单元主题项目促进小学数学深度学习》《小学二年级"时间都去哪儿了"单元项目化学习实践研究》《以评促学、轻负高质——"双减"背景下小学数学结果性评价设计与实践》《从"学完再评"到"边学边评"——"非结果性评价"在项目化学习中的应用研究》等文章，都获得了较好的评价。细看之下，这些文章的主题大多互有联系，很少存在主题断联的文章。倘若你毕业之后还要继续从事科研有关的工作，那就用好毕业论文，保持论文写作的可持续性吧。

参考文献

[1] （澳）盖尔·克拉斯韦尔，（澳）梅根·波尔.如何撰写学术文章 [M].
丘济芳，译.北京：中国人民大学出版社，2021.

[2] 毕恒达.教授为什么没告诉我 [M].北京：法律出版社，2007.

[3] （英）布莱恩·格里瑟姆，马跃，王灵芝，译.本科论文写作技巧 [M].
大连：东北财经大学出版社，2015.

[4] 陈向明.定性研究中的效度问题 [J].教育研究，1996（7）：7.DOI：
CNKI：SUN：JYYJ.0.1996-07-009.

[5] 陈向明.行动研究对一线教师意味着什么 [J].教育发展研究，2014（4）：
1.DOI：CNKI：SUN：SHGJ.0.2014-04-002.

[6] 陈向明.社会科学中的定性研究方法 [J].中国社会科学，1996（6）：
10.DOI：CNKI：SUN：ZSHK.0.1996-06-008.

[7] 陈向明.实践性知识：教师专业发展的知识基础 [J].北京大学教育评论，
2003，1（1）：9.DOI：10.3969/j.issn.1671-9468.2003.01.020.

[8] 陈向明.王小刚为什么不上学了——一位辍学生的个案调查 [J].教育研
究与实验，1996（1）：11.DOI：CNKI：SUN：YJSY.0.1996-01-008.

[9] 陈向明.研究者个人身份在"质的研究"中的作用 [J].教育研究与实验，
1997（2）：6.DOI：CNKI：SUN：YJSY.0.1997-02-012.

[10] 陈向明.在行动中学作质的研究 [M].北京：教育科学出版社，2003.

[11] 陈向明.扎根理论的思路和方法 [J].教育研究与实验，1999（4）：6.DOI：

CNKI：SUN：YJSY.0.1999-04-014.

[12] 陈向明．质的研究方法与社会科学研究 [M].教育科学出版社，2000.

[13] 邓正来．研究与反思：关于中国社会科学自主性的思考 [M].北京：中国政法大学出版社，2007.

[14] 董圣足，公彦霏，张璐，等．"双减"之下校外培训治理：成效，问题及对策 [J].上海教育科研，2022（7）：6.

[15] 费小冬．扎根理论研究方法论：要素，研究程序和评判标准 [J].公共行政评论，2008（3）：22.DOI：10.3969/j.issn.1674-2486.2008.03.003.

[16] 冯军旗．中县干部 [D].北京大学 [2023-10-08].

[17] 付文晓，钱旭升，上官晓曼．农村小学数学转岗教师专业发展的叙事研究 [J].教师教育论坛，2018（12）：4.DOI：10.3969/j.issn.2095-5995.2018.12.011.

[18] 郭有献．学位论文写作指导 [M].北京：北京邮电大学出版社，1999.

[19] （英）凯西·卡麦兹，边国英，译．建构扎根理论：质性研究实践指南 [M].重庆：重庆大学出版社，2009.

[20] 林良富．超越模式的小学数学课堂教学 [M].北京：教育科学出版社，2013.

[21] 裴娣娜．对研究性学习的几点思考 [J].小学青年教师，2002（012）：000.

[22] 裴娣娜．教学科学研究方法 [M].沈阳：辽宁大学出版社，1999.

[23] 钱旭升．我国研究性学习的研究综述 [J].教育探索，2003（8）：4.DOI：

10.3969/j.issn.1002-0845.2003.08.011.

[24] 田洪鋆，赵海东．你学习那么好，为什么写不好论文？[M].北京：北京大学出版社，2022.

[25] 田洪鋆．批判性思维与写作 [M].北京：北京大学出版社，2021.

[26] （德）马克斯·韦伯．李秋零，田薇，译．社会科学方法论 [M].北京：中国人民大学出版社，1999.

[27] （美）威廉·维尔斯马，斯蒂芬·G.于尔斯．袁振国，译．教育研究方法导论 [M].北京：教育科学出版社，1997.

[28] 夏雪梅．项目化学习工具：66 个工具的实践手册 [M].北京：教育科学出版社，2022.

[29] 夏雪梅．项目化学习设计：学习素养视角下的国际与本土实践 [M].北京：教育科学出版社，2018.

[30] 夏雪梅．在学科中进行项目化学习：学生视角 [J].全球教育展望，2019（2）：12.DOI：10.3969/j.issn.1009-9670.2019.02.008.

[31] 辛继湘．基于新课标的教科书情境设计：内涵，意义与策略 [J].课程·教材·教法，2022，42（12）：67-73.

[32] [英]斯特拉·科特雷尔．于芳，译．学位论文和研究报告写作技巧：渐进式指南 [M].大连：东北财经大学出版社，2015.

[33] 宇文彩．陈向明近二十年"质的研究"的文献述评 [J].石家庄职业技术学院学报，2015，27（1）：5.DOI：10.3969/j.issn.1009-4873.2015.01.016.

[34] 袁锦红.从小学数学的角度看几何直观与数学直觉思维的联系 [J].读写算（教师版）：素质教育论坛，2017（17）：2.

[35] 袁锦红.基于 APOS 理论的小学中高年级数学概念教学的实践研究 [D].浙江师范大学，2018.

[36] 袁锦红.透过分数看小数——谈小数的意义教学 [J].教育教学论坛，2015（22）：2.DOI：CNKI：SUN：JYJU.0.2015-22-110.

[37] 赵梓淳.当前科幻文学教育的现状调研与实施建议 [J].上海教育科研，2022（7）：5.

[38] 郑金洲.行动研究：一种日益受到关注的研究方法 [J].上海高教研究，1997（1）：23-27.